THOUGHTS IN THE ETHER: First Iteration
PENSAMIENTOS EN EL VACÍO:

THOUGHTS IN THE ETHER - VOL. #1
COPYRIGHT© A.E. SAMAAN, 2023.
PUBLISHED THROUGH: LIBRARY WITHOUT WALLS, LLC.
COVER CONCEPT BY A.E. SAMAAN AND BROOKE SIMMON.
INTERIOR GRAPHICS AND IMAGES BY A.E. SAMAAN.
SPANISH TRANSLATION EDITED BY MARÍA SEMIDEY RONDÓN
ALL RIGHTS RESERVED.

ISBN (HARDCOVER): 978-1-954249-09-7   ISBN-10: 1954249098
ISBN (PAPERBACK): 978-1-954249-08-0   ISBN-10: 195424908X
ISBN (PDF VERSION): 978-1-954249-10-3   ISBN-10: 1-954249-10-1

LARGE PRINT EDITIONS:
ISBN (HARDCOVER): 978-1-954249-12-7   ISBN-10: 1-954249-12-8
ISBN (PAPERBACK): 978-1-954249-11-0   ISBN-10: 1-954249-11-X

LIBRARY OF CONGRESS CONTROL NUMBER: 2023942786

A.E. SAMAAN*,
SAMAAN, A.E., 1968 –

~ ~ ~ ~ ~ ~

THE CONTENTS OF THIS VOLUME ARE BASED ON MATERIAL THAT WAS CREATED BETWEEN 2015 AND 2022. THE GRAPHICS AND LAYOUT OF THE LARGE PRINT EDITION OF THIS VOLUME WAS COMPLETED IN 2025.

~ ~ ~ ~ ~ ~

1. POLITICS – PHILOSOPHY - HISTORY – WWII HISTORY – AMERICAN HISTORY 2. AMERICAN POLITICS – SOCIALISM – MARXISM – LIBERTARIANISM. 3. FOUNDING FATHERS OF THE AMERICAN REVOLUTION – PHILOSOPHICAL QUOTATIONS – POLITICAL QUOTATIONS. 4. HOLOCAUST HISTORY – HISTORICISM – EUGENICS – SCIENTISM – SCIENTIFIC RACISM – UTOPIANISM – PROGRESSIVISM – CENTRALLY PLANNED ECONOMIES – U.S. CONSTITUTION – BILL OF RIGHTS.

~ ~ ~ ~ ~ ~

FOR MORE INFORMATION, VISIT THOUGHTSINETHER.COM
FOR MORE INFORMATION ON THE AUTHOR, VISIT AESAMAAN.COM

III

A Dual Focus . . .

Americans watched as the Cold War conflicts were waged in distant lands, and as millions of refugees risked life and limb to reach the safety and dignity of American life. Today, these expats and recently arrived refugees gasp in incredulity as Americans clamor to make themselves the subjects of the totalitarian socialism they escaped. I am one of those expats. This collection of literary quotes was screamed out into the ether in an attempt to remind Americans of their heritage, a heritage of individual autonomy and liberty.

As an author, I am also a historian of totalitarian regimes, scientific racism, and The Holocaust. Most of the volumes I have researched and written were for posterity; so, humanity could come to a better understanding of the historical patterns that lead to so much human suffering. The Eugenics Anthology book series is a study of how societies fail and descend into darkness. This present volume, however, was largely instigated by the realization that many of those historical patterns are repeating themselves in current events.

This bilingual volume is also a recognition of the circumstances that shaped me, the confronting of the world with a dual perspective, a dual lens, a bilingual existence. Growing up straddling national and cultural borders forces one to consider every cultural and political value bequeathed to you with a dual lens, always wondering how any particular conviction applies on either side of national borders. Cultural and political convictions do not translate as easily as one may think. Self-contained and neatly demarcated cultures are, to a large extent, echo chambers.

Social media has no borders, and for us expats, it breached whatever separation existed between our worlds. Expats were once formed by the suffering of vast distances and meager opportunities for communication. Social media collapsed that gap, and for better or for worse, at the same time merged the personal and the professional, childhood and adulthood. For expats this uncomfortable aspect to social media was doubly so, with the additional unease of merging cultural and political divides in worlds not intended to coexist. This new digital reality tested convictions. Ideas and ideals thrown out into the fire are forged by dual hammers, exposed to and developed by a stronger mix of chemistry. The inherent weaknesses in common knowledge and prevailing wisdom are exposed and the inevitable question emerges: Does one believe as one does because said beliefs are propped up by your upbringing, or because any morsel of wisdom can stand on its own merits. The answers are not as immediate as one may initially believe.

Un enfoque dual . . .

Los estadounidenses vieron cómo los conflictos de la Guerra Fría se desarrollaban en tierras lejanas y cómo millones de refugiados arriesgaban la vida para alcanzar la seguridad y la dignidad de la vida americana. Hoy, estos expatriados y refugiados recién llegados jadean incrédulos cuando los estadounidenses claman por convertirse en súbditos del socialismo totalitario del que escaparon. Yo soy uno de esos expatriados. Esta colección de citas literarias fue lanzada al vacío en un intento de recordar a los estadounidenses su herencia, una herencia de autonomía individual y libertad.

Como autor, también soy historiador de los regímenes totalitarios, el racismo científico y el Holocausto. La mayoría de los volúmenes que he investigado y escrito eran para la posteridad, para que la humanidad pudiera comprender mejor los patrones históricos que conducen a tanto sufrimiento humano. La serie de libros **Antología eugenésica** es un estudio de cómo las sociedades fracasan y descienden a la oscuridad. El presente volumen, sin embargo, fue instigado principalmente por la constatación de que muchos de esos patrones históricos se están repitiendo en los acontecimientos actuales.

Este volumen bilingüe es también un reconocimiento de las circunstancias que me formaron, la confrontación del mundo con una doble perspectiva, una doble lente, una existencia bilingüe. Crecer con el corazón dividido a ambos lados de fronteras nacionales y culturales nos obliga a considerar todos los valores culturales y políticos que nos han legado con una doble perspectiva, preguntándonos siempre cómo puede aplicarse una determinada convicción a un lado u otro de las fronteras nacionales. Las convicciones culturales y políticas no se traducen tan fácilmente como se cree. Las culturas autónomas y claramente delimitadas son, en gran medida, cámaras de eco.

Las redes sociales no tienen fronteras, y para nosotros, los expatriados, rompieron cualquier separación existente entre nuestros mundos. Antes, los expatriados se formaban con el sufrimiento de las grandes distancias y las escasas oportunidades de comunicación. Las redes sociales acabaron con esa brecha y, para bien o para mal, fusionaron al mismo tiempo lo personal y lo profesional, la infancia y la edad adulta. Para los expatriados, este aspecto incómodo de las redes sociales lo era doblemente, con la incomodidad adicional de fusionar divisiones culturales y políticas en mundos que no estaban destinados a coexistir. Esta nueva realidad digital puso a prueba convicciones. Las ideas y los ideales arrojados al fuego se forjan con martillos dobles, expuestos a una mezcla de química más fuerte y desarrollados por ella. Las debilidades implícitas en el conocimiento común y la sabiduría imperante quedan al descubierto y surge la pregunta inevitable: ¿Creemos en lo que creemos porque lo que creemos está respaldado por nuestra educación o porque cualquier bocado de sabiduría puede valer por sí mismo? Las respuestas no son tan inmediatas como se cree en un principio.

THOUGHTS IN THE ETHER

PENSAMIENTOS EN EL ETER

Rights & Legality

"Life, liberty, and the pursuit of happiness." These words were forever cast out into the ether by Thomas Jefferson; written onto parchment and reverberating ever stronger across generations. It is this condensed iteration of the "rights of man" that continue to be the best bulwark against the fad and fashion of 21st Century collectivism; socialists that speak of two competing definitions of "liberty," must contend with Mr. Jefferson.

The 21st Century collectivist allude to differing comprehensions of what "liberty" entails. The 20th Century tested this conviction across various cultures and ethnicities, incidentally, splitting some nationalities in two, separating their populations for decades. One view defined "liberty" as freedom from the constraints imposed by powerful others, namely the government or the church. This perspective regards the responsibilities typically attributed to adulthood, not as constraints, but as duties, otherwise known colloquially as the "throwing down of roots." Others believe these "roots" to be the constraints themselves and sought to divorce or emancipate themselves by casting these duties off under the conviction of shared responsibilities and collectivized resources. These collectivists believe "liberty" to mean freedom from obligations that would conspire to cement your existence to fixed roots and foundations.

That later conception implies that someone, other than the individual, should step in and assume the responsibilities we traditionally attribute to adulthood, such as parental or financial duties. This notion inevitably means that the collective, the state, or whatever superstructure, is invited into the otherwise private lives of the individual. Communally shared responsibility inevitably involve the commune in the critical decisions over said responsibilities, and as a consequence, surrenders individual autonomy. When wealth, health, and parenthood are collectivized, the collective is pulled in and invited to opine as interested and liable parties to your life.

Financial, parental, and medical overseers are converted into stakeholders and ultimately, the liable party to your existence. This is how totalitarian states that provide "cradle to grave" benefits become equal partners in the individual's claims to liberty, and are thus given veto power over the pursuit of happiness. Collectivism compromises the autonomy of the individual by surrendering the "power of the purse," that individuals otherwise leverage for self-determination, to faceless and distant bureaucrats, who are otherwise inclined to see their flock as statistics and financial liabilities, rather than as autonomous human beings.

Consider the relevant history. The consequences described above repeated themselves throughout the entire history of collectivism, and remain a hallmark of collectivized economies. The theory of collectivism was tried across borders with the iron fist of the overseer creating refugees and expats. These all-powerful governments exercised their veto power over the individual's "right to life, liberty, and the pursuit of happiness" and this was the proximate cause of tremendous suffering throughout the 20th Century.

Americans watched as the Cold War conflicts were waged in distant lands, and as waves of refugees from these regimes risked life and limb for the safety and dignity of American life. It is more than ironic, and actually tragic, that today's Americans, who inherited liberty by the casting off a monarch, now clamor to once again submerge the individual under the prerogative of a collective and, as a proximate consequence, surrender themselves to thousands of self-proclaimed kings and queens in the form of government bureaucrats. The quotes and proclamations included herein were screamed out into the ether in an attempt to remind Americans of their heritage; a heritage of individual autonomy and liberty.

Derechos y legalidad

"La vida, la libertad y la búsqueda de la felicidad". Estas palabras fueron lanzadas para siempre al vacío por Thomas Jefferson; escritas en pergamino y reverberando cada vez con más fuerza a través de las generaciones. Es esta iteración condensada de los "derechos del hombre" la que continúa siendo el mejor baluarte contra el capricho y la moda del colectivismo del siglo XXI; los socialistas que hablan de dos definiciones contrapuestas de "libertad", deben enfrentarse al Sr. Jefferson.

Los colectivistas del siglo XXI aluden a diferentes comprensiones de lo que supone la "libertad". El siglo XX puso a prueba esta convicción a través de varias culturas y etnias, casualmente, dividiendo algunas nacionalidades en dos, separando a sus poblaciones durante décadas. Una perspectiva definía la "libertad" como la ausencia de las limitaciones impuestas por otros poderosos, a saber, el gobierno o la iglesia. Esta perspectiva considera las responsabilidades típicamente atribuidas a la edad adulta, no como limitaciones, sino como deberes, lo que se conoce coloquialmente como "echar raíces". Otros creen que estas "raíces" son las propias limitaciones y tratan de divorciarse o emanciparse desechando estos deberes bajo la convicción de responsabilidades compartidas y recursos colectivizados. Estos colectivistas creen que "libertad" equivale a liberarse de las obligaciones que conspirarían para cimentar su existencia en raíces y cimientos fijos.

Esa concepción posterior implica que alguien distinto al individuo debe intervenir y asumir las responsabilidades que solemos atribuir tradicionalmente a la edad adulta, como los deberes parentales o financieros. Esta noción significa inevitablemente que el colectivo, el estado, o cualquier superestructura, es invitado a la vida privada del individuo. La responsabilidad compartida comunitariamente involucra inevitablemente a la comuna en las decisiones críticas sobre dichas responsabilidades y, como consecuencia, renuncia a la autonomía individual. Cuando la riqueza, la salud y la paternidad son colectivizadas, el colectivo es atraído e invitado a opinar como partes interesadas y responsables de su vida. Los supervisores financieros, parentales y médicos se convierten en partes interesadas y, en última instancia, en la parte responsable de su existencia. Así es como los estados totalitarios que proporcionan beneficios "de la cuna a la tumba" se convierten en socios iguales en los reclamos de libertad del individuo y, por lo tanto, se les da poder de veto sobre la búsqueda de la felicidad. El colectivismo compromete la autonomía del individuo al entregar el "poder de la bolsa", que los individuos de otra manera aprovechan para la autodeterminación, a burócratas sin rostro y distantes, que de otra manera se inclinan a ver a su rebaño como estadísticas y pasivos financieros, en lugar de como seres humanos autónomos.

Considere la historia relevante. Las consecuencias descritas anteriormente se repitieron a lo largo de toda la historia del colectivismo, y siguen siendo un sello distintivo de las economías colectivizadas. La teoría del colectivismo se probó a través de las fronteras con el puño de hierro del supervisor creando refugiados y expatriados. Estos gobiernos todopoderosos ejercieron su poder de veto sobre el "derecho a la vida, la libertad y la búsqueda de la felicidad" del individuo y esta fue la causa inmediata de un tremendo sufrimiento a lo largo del siglo 20.

Los estadounidenses vieron cómo los conflictos de la Guerra Fría se libraban en tierras lejanas, y cómo oleadas de refugiados de estos regímenes arriesgaban la vida y la integridad física por la seguridad y la dignidad de la vida estadounidense. Es más que irónico, y en realidad trágico, que los estadounidenses de hoy, que heredaron la libertad al expulsar a un monarca, ahora claman por sumergir una vez más al individuo bajo la pretensión de un colectivo y, como consecuencia próxima, entregarse a miles de reyes y reinas autoproclamados en forma de burócratas del gobierno. Las citas y declaraciones incluidas en este documento fueron gritadas al vacío en un intento de recordar a los estadounidenses su herencia; un patrimonio de autonomía y libertad individual.

*LAS GUERRAS CIVILES OCURREN
CUANDO LAS VÍCTIMAS ESTÁN ARMADAS.*

*EL GENOCIDIO OCURRE
CUANDO NO LO ESTÁN.*

CIVIL WARS HAPPEN
WHEN THE VICTIMIZED ARE ARMED.

GENOCIDE HAPPENS
WHEN THEY ARE NOT.

THE VITRIOL AND VICIOUSNESS OF AMERICAN POLITICS ARE THE INEVITABLE RESULT OF A GOVERNMENT INCREASINGLY DECIDING THE VITAL ASPECTS OF PEOPLE'S LIVES.

EL VITRIOLO Y LA SAÑA DE LA POLÍTICA ESTADOUNIDENSE SON EL RESULTADO INEVITABLE DE UN GOBIERNO QUE INCREMENTA SU PODER DE DECISIÓN EN LOS ASPECTOS FUNDAMENTALES DE LA VIDA DE LAS PERSONAS.

SI USTED EXIGE QUE EL COLECTIVO PAGUE SUS GASTOS MÉDICOS,
ENTONCES PREPÁRESE PARA QUE EL COLECTIVO EXIJA TOMAR
DECISIONES MÉDICAS POR USTED.

**IF YOU DEMAND THE COLLECTIVE
TO PAY FOR YOUR MEDICAL EXPENSES,
THEN BE PREPARED FOR THE COLLECTIVE TO
DEMAND TO MAKE MEDICAL DECISIONS FOR YOU.**

IF COLLECTIVIZING HIGHLY PERSONAL
MEDICAL DECISIONS IS EVIL,
THEN SO FOLLOWS THAT
COLLECTIVIZED MEDICINE IS EVIL.

SI COLECTIVIZAR DECISIONES MÉDICAS
ALTAMENTE PERSONALES ES MALO,
ENTONCES TAMBIÉN SE DEDUCE QUE
LA MEDICINA COLECTIVIZADA ES MALA.

EL ACTO DE NUESTRA CREACIÓN ES IGUAL PARA TODOS NOSOTROS. LOS RESULTADOS DE NUESTRA CREACIÓN NO LO SON. EL OBJETIVO DE NUESTROS PADRES FUNDADORES ERA TRATAR A TODOS POR IGUAL ANTE LA LEY Y, COMO TAL, DAR IGUALDAD DE OPORTUNIDADES, NO RESULTADOS.

THE ACT OF OUR CREATION IS EQUAL FOR ALL OF US. THE RESULTS OF OUR CREATION ARE NOT. THE GOAL OF OUR FOUNDING FATHERS WAS TO TREAT EVERYONE EQUALLY UNDER THE LAW, AND AS SUCH, PROVIDE FOR EQUALITY OF OPPORTUNITY, NOT RESULTS.

THE 20TH CENTURY PROVED
THAT THERE IS NOTHING MORE DANGEROUS TO
THE HEALTH OF ETHNIC MINORITY COMMUNITIES
THAN BIG GOVERNMENT.

EL SIGLO 20 DEMOSTRÓ
QUE NO HAY NADA MÁS PELIGROSO PARA LA SALUD
DE LAS COMUNIDADES DE MINORÍAS ÉTNICAS
QUE EL GRAN GOBIERNO.

EL DERECHO A LA DEFENSA PROPIA ES INALIENABLE
DEL DERECHO A LA VIDA.
DEBILITAR UNO DESVALORIZA EL OTRO.
RENUNCIE A SUS ARMAS HOY Y PERDERÁ SU VIDA MAÑANA.

THE RIGHT TO SELF-DEFENSE
IS INALIENABLE FROM THE RIGHT TO LIFE.
WEAKEN ONE AND THE OTHER IS DEVALUED.
SURRENDER YOUR ARMS TODAY
AND FORFEIT YOUR LIFE TOMORROW.

THE AMERICANS INVENTED THE 2ND AMENDMENT. THE FRENCH INVENTED THE "MADAME GUILLOTINE."NEITHER WAS INVENTED FOR HUNTING.

LOS ESTADOUNIDENSES INVENTARON LA 2ª ENMIENDA. LOS FRANCESES INVENTARON LA "LE MADAME GUILLOTINE". NINGUNO DE LOS DOS FUE INVENTADO PARA LA CAZA.

"MADAME LA GUILLOTINE" ES LA HERMANA MENOR, LA HERMANA IDEOLÓGICA DE LA 2ª ENMIENDA; AMBAS FUERON CONCEBIDAS A PARTIR DE LA NECESIDAD DE PURGAR A LOS GOBIERNOS AUTORITARIOS.

"MADAME LA GUILLOTINE" IS THE YOUNGER SISTER, THE IDEOLOGICAL SIBLING OF THE 2ND AMENDMENT; BOTH WERE CONCEIVED OF A NEED TO PURGE OVERBEARING GOVERNMENTS.

"REGULATED" RIGHTS ARE NOT RIGHTS.
THEY ARE NICETIES AND PLATITUDES
INTENDED TO KEEP THE POPULACE THINKING
THEIR INDIVIDUAL AUTONOMY IS RESPECTED
BY THEIR GOVERNMENT.

LOS DERECHOS "REGULADOS" NO SON DERECHOS.
SON SUTILEZAS DESTINADOS A LOGRAR QUE LA POBLACIÓN
CONTINÚE PENSANDO QUE SU GOBIERNO
RESPETA SU AUTONOMÍA INDIVIDUAL.

LAS PALABRAS "A MENOS QUE SEA INCONVENIENTE"
NO SE ENCUENTRAN EN NINGUNA PARTE
DE LA DECLARACIÓN DE DERECHOS.

NOWHERE IN THE BILL OF RIGHTS ARE THE WORDS "UNLESS INCONVENIENT" TO BE FOUND.

PEOPLE, IMPERFECT AND CORRUPTIBLE
ARE SOCIETY'S BUILDING BLOCKS.
POLITICAL THEORIES EVADING THIS REALITY
ARE A CATASTROPHE IN WAITING.

*LAS PERSONAS, IMPERFECTAS Y CORRUPTIBLES,
SON LA PIEDRA ANGULAR DE LA SOCIEDAD.
LAS TEORÍAS POLÍTICAS QUE EVADEN ESTA REALIDAD
SON UNA CATÁSTROFE AL ACECHO.*

LA HISTORIA NO PODRÍA SER MÁS CLARA:
LOS DERECHOS OTORGADOS POR CAPRICHOS Y MODAS
SE ANULAN CON LA MISMA FACILIDAD.
LA CONSTITUCIÓN ES IMPORTANTE.

HISTORY COULD NOT BE ANY CLEARER: RIGHTS GIVEN BY FAD AND FASHION ARE JUST AS EASILY TAKEN AWAY. THE CONSTITUTION MATTERS.

ACCORDING TO AN ORIGINAL READING
OF THE CONSTITUTION OF THE UNITED STATES
AND DECLARATION OF INDEPENDENCE,
THE INTRUSIVENESS THAT IS
AT THE CORE OF BIG GOVERNMENT
IS AN OFFENSE AGAINST ITS PEOPLE.

*SEGÚN UNA LECTURA ORIGINAL
DE LA CONSTITUCIÓN DE LOS ESTADOS UNIDOS
Y LA DECLARACIÓN DE INDEPENDENCIA,
EL INTRUSISMO PROPIO DEL GRAN GOBIERNO
ES UNA OFENSA CONTRA SU PUEBLO.*

¿A QUÉ PARTES DE LA DECLARACIÓN DE DERECHOS ESTÁ DISPUESTO A RENUNCIAR SOLO PARA PODER DEMOSTRAR SU VOLUNTAD DE COMPROMISO? PARA ENCONTRAR UN PUNTO MEDIO... ¿PARA ESTAR EN MEDIO DEL CAMINO?

WHICH PARTS OF THE BILL OF RIGHTS ARE YOU WILLING TO SURRENDER JUST SO YOU CAN VIRTUE SIGNAL YOUR WILLINGNESS TO COMPROMISE... TO FIND A MIDDLE GROUND... TO BE MIDDLE OF THE ROAD?

THE DIFFERENCE BETWEEN A STATESMAN AND A POLITICIAN IS THAT A STATESMAN IS VERSED IN THE HISTORY BEHIND THE POLICIES, THUS ROOTED DEEP INTO BEDROCK BELIEFS THAT ARE NOT EASILY SWAYED BY PARTY POLITICS OR FINANCIAL GAIN.

LA DIFERENCIA ENTRE UN ESTADISTA Y UN POLÍTICO ES QUE UN ESTADISTA ES CONOCEDOR DE LA HISTORIA DETRÁS DE LAS POLÍTICAS, POR LO QUE ESTÁ PROFUNDAMENTE ARRAIGADO EN CREENCIAS FUNDAMENTALES QUE NO SON FÁCILMENTE INFLUENCIADAS POR LA POLÍTICA PARTIDISTA O EL BENEFICIO ECONÓMICO.

NO HAY LEY.
SÓLO HAY CONJETURAS.
EL ETHOS PROGRESISTA CAMBIA EL SIGNIFICADO DE LA LEY
SEGÚN LOS CAPRICHOS Y MODAS.

THERE IS NO LAW.
THERE IS ONLY CONJECTURE.
THE PROGRESSIVE ETHOS CHANGES
THE LAW'S MEANING
ACCORDING TO FAD AND FASHION.

LIBERTY WILL NEVER YIELD EQUALITY.
FREEWILL PRODUCES A MESS
THAT YOU EITHER ACCEPT OR REJECT
IN FAVOR OF SLAVERY.

LA LIBERTAD NUNCA GENERARÁ IGUALDAD.
EL LIBRE ALBEDRÍO PRODUCE UN DESASTRE QUE SE ACEPTA
O RECHAZA EN FAVOR DE LA ESCLAVITUD.

CADA LEY INNECESARIA
AYUDA A MOLDEAR LA SOGA
CON LA QUE FINALMENTE SEREMOS COLGADOS.

EVERY UNNECESSARY LAW
HELPS FASHION THE NOOSE
WE WILL ULTIMATELY BE HUNG BY.

THE "RIGHT TO LIFE, LIBERTY,
AND THE PURSUIT OF HAPPINESS"
BEGINS WITH "LIFE,"
AND "LIFE" BEGINS AT CONCEPTION.

EL "DERECHO A LA VIDA, LA LIBERTAD
Y LA BÚSQUEDA DE LA FELICIDAD"
COMIENZA CON LA "VIDA",
Y LA "VIDA" COMIENZA EN LA CONCEPCIÓN.

ESTADOS UNIDOS NO LOGRÓ SU LIBERTAD O PROSPERIDAD POR ERROR. FUE POR DISEÑO, Y LOS ARQUITECTOS FUERON LOS PADRES FUNDADORES DE LA REVOLUCIÓN ESTADOUNIDENSE. NO SE META CON LA CONSTITUCIÓN. LA CONSTITUCIÓN DE LOS ESTADOS UNIDOS IMPORTA.

THE U.S. DIDN'T ACHIEVE ITS LIBERTY OR PROSPERITY BY MISTAKE. IT WAS BY DESIGN, AND THE ARCHITECTS WERE THE FOUNDING FATHERS OF THE AMERICAN REVOLUTION. DON'T MESS WITH THE CONSTITUTION. THE UNITED STATES CONSTITUTION MATTERS.

WE LIBERTARIANS BELIEVE IN "LIMITED GOVERNMENT" PRECISELY BECAUSE WE BELIEVE IN UNLIMITED LIBERTY. REDUCE ONE, AND YOU DECREASE THE OTHER.

NOSOTROS, LOS LIBERTARIOS, CREEMOS EN EL "GOBIERNO LIMITADO" PRECISAMENTE PORQUE CREEMOS EN LA LIBERTAD ILIMITADA. REDUZCA UNO Y DISMINUIRÁ EL OTRO.

SI SU TEORÍA POLÍTICA REQUIERE QUE LA HUMANIDAD "EVOLUCIONE", ENTONCES NO TIENE UNA TEORÍA. ESTÁ SOÑANDO DESPIERTO.

IF YOUR POLITICAL THEORY REQUIRES HUMANITY TO "EVOLVE", THEN YOU DO NOT HAVE A THEORY.... YOU HAVE A DAYDREAM.

LEGISLATING MORALITY
GROWS BIG GOVERNMENT IMMENSELY,
AND HELPS FASHION THE NOOSE
THE GOVERNMENT WILL USE
TO ULTIMATELY HANG YOU BY.

LEGISLAR LA MORALIDAD
HACE CRECER INMENSAMENTE
AL GRAN GOBIERNO,
Y AYUDA A MOLDEAR LA SOGA
QUE EL GOBIERNO USARÁ
PARA COLGARLE FINALMENTE.

TENEMOS UN ESTADO DE ABOGADOS, NO UN ESTADO DE DERECHO. LA PROFESIÓN JURÍDICA TIENE EL MONOPOLIO DE VARIAS RAMAS DEL GOBIERNO DE LOS ESTADOS UNIDOS, COMO NO ESTABA PREVISTO. NO DEBERÍA SORPRENDERNOS QUE ESTADOS UNIDOS SEA LA SOCIEDAD MÁS LITIGIOSA DEL MUNDO. ES UN GRAN NEGOCIO CON UN DOMINIO ABSOLUTO SOBRE VARIAS DE LAS RAMAS DEL GOBIERNO ESTADOUNIDENSE.

WE HAVE RULE OF LAWYERS, NOT RULE OF LAW. THE LEGAL PROFESSION HAS A MONOPOLY OVER SEVERAL BRANCHES OF THE UNITED STATES GOVERNMENT AS IT WAS NEVER INTENDED TO. WE SHOULD NOT BE SURPRISED THAT THE UNITED STATES IS THE MOST LITIGIOUS SOCIETY IN THE WORLD. IT IS BIG BUSINESS WITH A STRANGLEHOLD ON SEVERAL OF THE BRANCHES OF THE AMERICAN GOVERNMENT.

THE BILL OF RIGHTS IS THE UNITED STATES.
THE UNITED STATES IS THE BILL OF RIGHTS.
COMPROMISE THE BILL OF RIGHTS
AND YOU DISSOLVE THE VERY FOUNDATION
UPON WHICH THE UNION STANDS.

LA DECLARACIÓN DE DERECHOS ES LOS ESTADOS UNIDOS.
ESTADOS UNIDOS ES LA DECLARACIÓN DE DERECHOS.
COMPROMETAN LA DECLARACIÓN DE DERECHOS
Y DISOLVERÁN LOS CIMIENTOS MISMOS
SOBRE LOS QUE SE ASIENTA LA UNIÓN.

37

Liberty Eternal

There are, in truth, no competing ideals of liberty. The individual is either free to chart their own path and self-determine, or they are submerged, compromised, drowned under the prerogative of the collective. The restrictions imposed by the collective are not recognized as chains at first. It is only at the individual's most vulnerable and susceptible moments that they, now compromised to the prioritizing of the collective, become acutely aware of the subordinate and enslaved existence they have sold themselves into.

The prerogative of the monarch or the collective has always been at odds with the self-determination of the individualist. The Founding Fathers of the American Revolution endeavored to draft a seeming stalemate between the people and the governing powers. The founding documents of the Revolution made the central governing body the subordinate of the States, and then fractured the central governing body into separate branches. The American form of government was designed to be intentionally at gridlock, where the prerogative of the central government marches onward at a slow and checked pace. This "separation of powers" makes for the "checks and balances" between branches and between the States and the central powers.

However, the main and primary check on power drafted into the Founding Documents has always been, and remains, the people; first with their power of referendum, and then, if all else fails, through their right to self-defense. The Second Amendment of the United States Constitution was not written for "hunting" or "recreation" as is oft claimed. It was placed at the top of the Bill of Rights precisely because it was meant as a check against a government, or a collective, that has grown oppressive and disruptive of the inalienable right of the individual to self-determine.

This is the true promise of liberty communicated by the founding documents of the American Revolution. It is this ability to self-govern and self-determine that expats of repressive regimes risked life and limb to attain. The 20th Century saw tens of millions of refugees from collectivist nations escape their communal existence and take part in the American Experiment. Of note is that emigration was completely one-sided. Tens of millions escaped to the United States, while a meager dozen defected in the other direction, to the USSR, Cuba, East Germany, North Vietnam, North Korea, or China. The numbers speak for themselves.

Libertad Eterna

En realidad, no existen ideales de libertad que compitan entre sí. El individuo es libre de trazar su propio camino y autodeterminarse, o se ve sumergido, comprometido, ahogado bajo la pretensión del colectivo. Las restricciones impuestas por el colectivo no se reconocen como cadenas inicialmente. Sólo en los momentos más vulnerables y susceptibles del individuo, éste, ahora comprometido con la priorización del colectivo, se vuelve plenamente consciente de la existencia subordinada y esclavizada a la que se ha vendido.

La pretensión del monarca o del colectivo siempre ha estado reñida con la autodeterminación del individualista. Los Padres Fundadores de la Revolución Estadounidense se esforzaron por elaborar un proyecto de aparente empate entre el pueblo y los poderes gobernantes. Los documentos constitutivos de la Revolución hicieron del órgano central de gobierno el subordinado de los Estados, y luego fracturaron el órgano central de gobierno en ramas separadas. La forma de gobierno estadounidense fue diseñada para estar deliberadamente en punto muerto, donde las facultades del gobierno central avanzan a un ritmo lento y controlado. Esta "separación de poderes" permite los "controles y equilibrios" entre poderes y entre los Estados y los poderes centrales.

Sin embargo, el control más importante y primario del poder que figura en los documentos fundacionales siempre ha sido, y sigue siendo, el pueblo; primero con su poder de referéndum, y después, si todo lo demás falla, a través de su derecho a la legítima defensa. La Segunda Enmienda de la Constitución de los Estados Unidos no se redactó para la "caza" o el "ocio", como a menudo se afirma. Se situó en la parte superior de la Declaración de Derechos precisamente porque estaba pensada como un control contra un gobierno, o un colectivo, que se ha vuelto opresivo y perturbador del derecho inalienable del individuo a la autodeterminación.

Esta es la verdadera promesa de libertad comunicada por los documentos fundacionales de la Revolución Estadounidense. Es esta capacidad de autogobierno y autodeterminación por la que los expatriados de regímenes represivos arriesgaron su vida para alcanzarla. El siglo XX vio cómo decenas de millones de refugiados de naciones colectivistas escapaban de su existencia comunal y participaban en el Experimento Americano. Cabe destacar que la emigración fue completamente unilateral. Decenas de millones escaparon a Estados Unidos, mientras que una docena escasa desertó en la otra dirección, a la URSS, Cuba, Alemania Oriental, Vietnam del Norte, Corea del Norte o China. Los números hablan por sí solos.

ABRAZA LAS VIRTUDES DE LA INDIVIDUALIDAD.

EMBRACE THE VIRTUES OF INDIVIDUALITY.

LIBERTY IS NOT SOMETHING
A GOVERNMENT GIVES YOU.
IT IS A RIGHT THAT
NO GOVERNMENT CAN LEGALLY TAKE AWAY.

LA LIBERTAD NO ES ALGO QUE UN GOBIERNO DA.
ES UN DERECHO QUE NINGÚN GOBIERNO
PUEDE QUITAR LEGALMENTE.

LAMENTABLEMENTE, LA LIBERTAD INDIVIDUAL
SIGUE SIENDO EL IDEAL
DE LOS PENSADORES REVOLUCIONARIOS
INCLUSO EN EL SIGLO 21.

SADLY ENOUGH, INDIVIDUAL LIBERTY REMAINS THE IDEAL OF REVOLUTIONARY THINKERS EVEN IN THE 21ST CENTURY.

DESPOTS ARE ELECTED AND DEPOSED.
LAWS ARE PASSED AND REPEALED.
NATIONS RISE AND FALL.
INDIVIDUAL LIBERTY IS ETERNAL.

LOS DÉSPOTAS SON ELEGIDOS Y DEPUESTOS.
LAS LEYES SE APRUEBAN Y DEROGAN.
LAS NACIONES SE LEVANTAN Y CAEN.
LA LIBERTAD INDIVIDUAL ES ETERNA.

LA FE Y LA LIBERTAD SON IMPORTANTES, PERO NO LLEGAN A NINGUNA PARTE SIN TENER FE EN LA LIBERTAD.

FAITH AND FREEDOM ARE GREAT, BUT THEY GET NOWHERE WITHOUT FAITH IN FREEDOM.

YOU CAN EITHER HAVE INDIVIDUAL LIBERTY,
OR DEPENDENCE ON THE GOVERNMENT.
ONE IS DESIGNED TO UNDO THE OTHER.

PUEDE TENER LIBERTAD INDIVIDUAL O DEPENDER DEL GOBIERNO.
UNO ESTÁ DISEÑADO PARA DESHACER EL OTRO.

HAY QUIENES QUIEREN LIBERARSE DE LA RESPONSABILIDAD INDIVIDUAL, Y LUEGO ESTÁN LOS QUE QUIEREN LA LIBERTAD INDIVIDUAL. "LIBERTAD" E "INDEPENDENCIA" YA NO SIGNIFICAN LO QUE SOLÍAN SIGNIFICAR. EL DESEO DE DEPENDENCIA SE HA POPULARIZADO.

THERE ARE THOSE THAT WANT FREEDOM FROM INDIVIDUAL RESPONSIBILITY, AND THEN THERE ARE THOSE THAT WANT INDIVIDUAL LIBERTY. "FREEDOM" AND "LIBERTY" NO LONGER MEAN WHAT THEY USED TO. A DESIRE FOR DEPENDENCE HAS BEEN MADE FASHIONABLY DESIRABLE.

DEFY THE CENTRAL PLANNERS.
UPEND THEIR DESIGNS FOR YOUR LIFE.
BE A STAUNCH INDIVIDUALIST.
STAND ON YOUR RIGHTS.

DESAFÍE A LOS PLANIFICADORES CENTRALES.
DESTRUYA LOS PLANES QUE TIENEN PARA SU VIDA.
SEA UN INDIVIDUALISTA ACÉRRIMO.
DEFIENDA SUS DERECHOS.

LOS TIRANOS SON OBVIOS
Y FÁCILES DE IDENTIFICAR.
LO VERDADERAMENTE INSIDIOSO
ES LA CLASE DIRIGENTE BIEN ARRAIGADA Y CORRUPTA.

TYRANTS ARE OBVIOUS,
AND EASY TO IDENTIFY.
IT IS THE WELL-ENTRENCHED
AND CORRUPT ESTABLISHMENT
THAT IS TRULY INSIDIOUS.

"BIG GOVERNMENT"
IS A LOT LESS LIKE A "BIG BROTHER,"
AND A LOT MORE
LIKE A MOTHER-IN-LAW.

EL "GRAN GOBIERNO"
SE PARECE MUCHO MENOS
A UN "GRAN HERMANO",
Y MUCHO MÁS A UNA SUEGRA.

LA "OPORTUNIDAD DE IGUALDAD" ES INALCANZABLE
SI SE PONE EL PULGAR EN LA BALANZA
EN UN ESFUERZO POR FORZAR RESULTADOS IGUALES.

"EQUAL OPPORTUNITY" IS UNATTAINABLE IF YOU PUT YOUR THUMB ON THE SCALES IN AN EFFORT TO FORCE EQUAL RESULTS.

I BECAME A LIBERTARIAN
AS A RESULT OF RESEARCHING
WORLD WAR II AND THE HOLOCAUST.
INDIVIDUAL LIBERTY IS SACRED.

*ME CONVERTÍ EN LIBERTARIO
COMO RESULTADO DE LA INVESTIGACIÓN
DE LA SEGUNDA GUERRA MUNDIAL Y EL HOLOCAUSTO.
LA LIBERTAD INDIVIDUAL ES SAGRADA.*

EL ESTATISMO ES MODA POLÍTICA.
LA LIBERTAD INDIVIDUAL ES ETERNA.

STATISM IS POLITICAL FASHION.
INDIVIDUAL LIBERTY IS ETERNAL.

LIBERTY ISN'T EVERYTHING.
I JUST ALLOWS EVERYTHING TO HAPPEN.

LA LIBERTAD NO LO ES TODO.
SIMPLEMENTE PERMITE QUE TODO SUCEDA.

Economic Liberty

For all of human history, slaves have been provided for by their masters. Slaves occupied a status of a highly expensive beast of burden; too expensive for the masters to ignore the sustenance and housing necessary for the maintenance of their "livestock." Thus, mere survival has never been the demarcation between liberty and enslavement. A human can have their needs met and yet remain a slave. Freedom from want is a poor measure of the existence of liberty. The dividing line between liberty and slavery is self-determination. A slave can have their belly full and a roof over their heads, and yet remain in the want of life and the pursuit of their personal definition of happiness.

This is where the sting of collectivism is first felt. The notion that the burdens of individual responsibility can or should be cast upon the whole of society is an alluring notion; not having to worry about becoming destitute if one fails at providing for oneself or one's family is certainly a tempting concept. Alas, this is where this altruism pivots and is exposed as the sort of caretaking better described as the relationship between farmer and livestock. The individual is fenced into the collective and made to contribute no different than livestock is expected to provide a benefit to the farm. If everybody in the collective relies fully on the commune for sustenance, then no individual can be allowed to waste time or energy on any task that does not go towards sustaining the collective. Rights become duties, and duties are imposed and decided upon collectively. The individual becomes a resource of the commune, and those resources inevitably become centrally planned in an attempt to rationalize and make the commune efficient. This was the concept behind the "New Soviet Man" and the "New Aryan Man" of the collectives of race and economic class alike; an altruistic worker bee dedicated to the racial or economic collective.

This is how communes quickly devolve into work camps. This is how the dreams and aspirations of one, are submerged and discarded for the benefit of all. This is the risk the individual takes in exchanging self-determination for "cradle to grave" collectivism; a governing body that provides for all, just as easily takes all away. This is the very tragic story of the hundreds of millions that found themselves trapped in the Soviet Union, Cuba, China, East Germany, North Korea, North Vietnam, and unfortunately, more nations to come.

Libertad económica

Durante toda la historia de la humanidad, los esclavos han sido mantenidos por sus amos. Los esclavos ocupaban un estatus de bestia de carga muy costosa; demasiado costosa para que los amos ignoraran el sustento y el alojamiento necesarios para mantener a su "ganado". Por tanto, la mera supervivencia nunca ha sido la delimitación entre libertad y esclavitud. Un ser humano puede tener sus necesidades cubiertas y, sin embargo, seguir siendo esclavo. La independencia frente a la necesidad es una medida pobre de la existencia de la libertad. La línea divisoria entre libertad y esclavitud es la autodeterminación. Un esclavo puede tener la barriga llena y un techo bajo el que cobijarse y, sin embargo, seguir careciendo de la vida y de la búsqueda de su definición personal de la felicidad.

Aquí es donde se siente por primera vez el aguijón del colectivismo. La idea de que las cargas de la responsabilidad individual pueden o deben recaer sobre el conjunto de la sociedad es una noción fascinante; no tener que preocuparse de caer en la indigencia si no conseguimos mantenernos a nosotros mismos o a nuestra familia es, sin duda, un concepto tentador. Lamentablemente, aquí es donde este altruismo pivota y queda expuesto como el tipo de cuidado que se describe mejor como la relación entre el agricultor y el ganado. El individuo se integra en el colectivo y se le obliga a contribuir de la misma forma que se espera que el ganado beneficie a la granja. Si toda la colectividad depende totalmente de la comuna para su sustento, entonces no se puede permitir que ningún individuo pierda tiempo o energía en ninguna tarea que no vaya encaminada a sostener la colectividad. Los derechos se convierten en deberes, y los deberes se imponen y deciden colectivamente. El individuo se convierte en un recurso de la comuna, y esos recursos inevitablemente se planifican de forma centralizada en un intento de racionalizar y hacer la comuna más eficiente. Este era el principio en el que se basaban el "Nuevo Hombre Soviético" y el "Nuevo Hombre Ario" de los colectivos tanto de raza como de clase económica; una abeja obrera altruista dedicada al colectivo racial o económico.

Así es como las comunas se convierten rápidamente en campos de trabajo. Así es como los sueños y aspiraciones de uno, son sumergidos y desechados en beneficio de todos. Este es el riesgo que corre el individuo al cambiar la autodeterminación por el colectivismo "de la cuna a la tumba"; un órgano gobernante que provee para todos, con la misma facilidad con la que quita todo. Esta es la trágica historia de los cientos de millones de personas que se vieron atrapadas en la Unión Soviética, Cuba, China, Alemania Oriental, Corea del Norte, Vietnam del Norte y, lamentablemente, en otros países.

NI EL DINERO NI EL ESTADO SON "LA RAÍZ DE TODOS LOS MALES", YA QUE AMBOS SON CONSTRUCCIONES HUMANAS. LA "RAÍZ" DE TODAS LAS CONSTRUCCIONES HUMANAS, BUENO, SON LOS HUMANOS, LA ÚNICA FUENTE REAL DEL MAL.

NEITHER MONEY OR THE STATE ARE THE 'ROOT OF ALL EVIL', AS BOTH ARE HUMAN CONSTRUCTS. THE 'ROOT' OF ALL HUMAN CONSTRUCTS ARE, WELL, HUMANS, THE ONLY REAL SOURCE OF EVIL.

YOU EITHER LIMIT THE GOVERNMENT,
OR YOU LIMIT THE SCOPE OF YOUR LIFE.
WHY IS THE GOVERNMENT
THAT PRECIOUS TO YOU IN THE FIRST PLACE?

O SE LIMITA EL GOBIERNO,
O SE LIMITA EL ALCANCE DE LA VIDA.
¿POR QUÉ EL GOBIERNO ES TAN VALIOSO
PARA USTED EN PRIMER LUGAR?

EL CAPITALISMO NO ES UNA FORMA DE GOBIERNO. EL CAPITALISMO ES SOLO UNA COSA: COMPRAR BAJO - VENDER ALTO. EL CAPITALISMO ES LO QUE SUCEDE CUANDO UN GOBIERNO PERMITE LA LIBRE ASOCIACIÓN Y RESPETA LOS DERECHOS DE PROPIEDAD. ES UN SÍNTOMA DE LIBERTAD.

CAPITALISM IS NOT A FORM OF GOVERNMENT. CAPITALISM IS BUT ONE THING ONLY: BUY LOW - SELL HIGH. CAPITALISM IS WHAT HAPPENS WHEN A GOVERNMENT ALLOWS FREE ASSOCIATION AND RESPECTS PROPERTY RIGHTS. IT IS A SYMPTOM OF LIBERTY.

WORKERS OF THE WORLD UNITE????
HOW ABOUT....
STAUNCH INDIVIDUALISTS DISPERSE!!!

¿¿¿¿TRABAJADORES DEL MUNDO UNIDOS????
QUÉ TAL....
¡¡¡INDIVIDUALISTAS ACÉRRIMOS DISPERSOS!!!

LEGALICEN EL DERECHO A ELEGIR MAL.
LEGALICEN LA LIBERTAD INDIVIDUAL.

LEGALIZE THE RIGHT TO CHOOSE WRONG.
LEGALIZE INDIVIDUAL LIBERTY.

CAPITALISTS GROW WEALTH.
SOCIALISTS REDISTRIBUTE WEALTH....
BUT POPULATION GROWS,
SO THE SOCIALIST CONTROLS POPULATION
VIA EUGENICS.

LOS CAPITALISTAS HACEN CRECER LA RIQUEZA.
LOS SOCIALISTAS REDISTRIBUYEN LA RIQUEZA...
PERO LA POBLACIÓN CRECE,
POR LO QUE EL SOCIALISTA CONTROLA LA POBLACIÓN
A TRAVÉS DE LA EUGENESIA.

¿QUÉ ES PEOR?

¿LUJURIA POR EL PODER ADQUISITIVO DEL DINERO,

O EL TIPO DE LUJURIA QUE CODICIA EL PODER SOBRE LOS DEMÁS?

QUE LA HISTORIA DE LAS REVOLUCIONES SOCIALISTAS DEL SIGLO 20 RESPONDA A ESA PREGUNTA.

WHICH IS WORSE?

LUST FOR THE PURCHASING POWER OF MONEY,

OR THE KIND OF LUST
THAT COVETS POWER OVER OTHERS?

LET THE HISTORY OF 20TH CENTURY SOCIALIST
REVOLUTIONS ANSWER THAT QUESTION.

THE 21ST CENTURY IDEA AND TECHNOLOGY ECONOMY IS A CONVERSATION. TRY TO CHANNEL OR CONTROL THAT CONVERSATION AND YOU WILL STOP THE CHATTER.

LA IDEA DEL SIGLO 21 Y LA ECONOMÍA TECNOLÓGICA ES UNA CONVERSACIÓN. EL INTENTO POR CANALIZAR O CONTROLAR ESA CONVERSACIÓN DETENDRÁ LA CHARLA.

GRAN GOBIERNO = OLIGARQUÍA.
ES UNA ECUACIÓN SIMPLE.
GRAN GOBIERNO = PÉRDIDA DE REPRESENTACIÓN.

BIG GOVERNMENT = OLIGARCHY.
SIMPLE EQUATION.
BIG GOVERNMENT = LOSS OF REPRESENTATION.

THE RIGHT OF "LIBERTY"
AND "PURSUIT" OF HAPPINESS
IS INCOMPATIBLE WITH A GOVERNMENT
THAT MAKES CHOICES FOR YOU.

*EL DERECHO A LA "LIBERTAD"
Y LA "BÚSQUEDA" DE LA FELICIDAD
ES INCOMPATIBLE CON UN GOBIERNO
QUE TOMA DECISIONES POR USTED.*

Suicide by Socialism

Exchange self-determination in order to appease the collective, and you merely change the nature of the enslavement from that of servitude to one master to a multitude. More masters do not make one freer any more than more chains make for a different version of servitude. An individual that is not free to self-determine because of the prerogative of the collective is merely bound to a diversity of masters in a multitude of ways.

The rebuttal to the individual's demand for autonomy has always been rooted in some misbegotten form of altruism. Am I "my brother's keeper"? No. I am not. Certainly not to the degree of a zoo "keeper" in a government plantation. A non-consensual tethering of cared and caretaker is the perverted relationship of nightmares best characterized by horror novels, the criminally insane, and other similar predators. Yet, this phrase has been coopted and misquoted by the smoothest of snake oil salesmen, in a poorly disguised attempt to convince the faithful to revere the chains of collectivism. Caring is not caretaking when one is talking about a relationship between equals. The translated term "keeping" was never meant to allude to "keeping" one's fellow humans as one keeps livestock or indentured servants.

There are many reasons for the catastrophic failures of Marxism in the 20th Century. However, it is this particular fallacy and arrogance in their effort to engineer human society and micro-manage it down to the most intimate details that put Marxism on its genocidal path. This was so every time International Communism took hold of a nation. Yet, despite the carnage of murdering 160 million of its own citizens during peacetime; despite all the suffering, 21st Century Marxists do not believe they are done tinkering with humanity. The popular claim that "real socialism has never been tried" is not just ignorant of the brutal history of Marxism, but racist in its implications. It implies that all the Hispanic, Asian, Slavic, and African cultures that actually did attempt to create a working Marxist society were not up to the task. This notion exposes the ethno-centric elitism at the core of Western collectivists.

It is also a myopic conception of history that hand-wrings and passes judgement on all those "Third World" cultures that resisted the Bolshevik onslaught in the Cold War. This is a view that claims that the United States was equally destructive as the Soviet Union. This is a truncated view of history with no concept of the sequence of events that unfolded. By collapsing historical events and removing them from their timeline, they effectively corrupt any notion of cause and effect, action and reaction, aggression and self-defense. It is an amoral conception of history that is stunted in its divorce from the right to self-defense by equating the actions of the aggressor with those that defend themselves.

It is also a conception of history that fails to account for about half a century of events. By 1950, when the Cold War began in earnest, the world was fully aware that Lenin was guilty of mass murder to the tune of about 15 million civilians, and that Stalin had surpassed him by exterminating about 25 million defenseless Eastern Europeans. Khrushchev had admitted to the "excesses" of Stalinism as early as 1956. Therefore, the world knew perfectly well the horrors that would come with one-world Communism.

All this hand-wringing and apologetics on the resistance of Communism in the developing nations is the morally stunted opinion that reverses cause and effect, aggression and self-defense. It is infantile to pretend that those small "Third World" nations, with no oil or natural resources to plunder, were anything other than a venue by which the Soviet could checkmate the United States. The Soviet sought to establish the one-world Communism by force; by destroying any capacity of resistance by surrounding and isolating the United States.

Let's recount the relevant history: The Soviet and American armed forces met in Berlin to end WWII. The Americans gave back every single inch of territory they liberated. Even the cemeteries on Omaha Beach are leased from France. The Soviet, by comparison, kept every inch of land they "liberated", and a dozen or so nations disappeared from the map for 60+ years. Entire cultures were demolished under the guise of "collectivization" and populations terrorized, brutalized, and purged at no different rate than if they had stayed victim to Nazism.

Where is the equanimity in these outcomes? How can any honest person consider them morally equivalent? There is a reason why the surrendering Germans ran away from the Soviet and decidedly towards the Americans at the end of WWII. How can any moral person believe that the ethical choice would have been to allow Stalin to trample over West Germany, consume France and England, and continue unimpeded all the way to the Texas-Mexico border?

Suicidio por socialismo

Si se cambia la autodeterminación para apaciguar al colectivo, sólo se cambia la naturaleza de la esclavitud, de la servidumbre a un amo a la servidumbre a una multitud. Más amos no nos hacen más libres, del mismo modo que más cadenas no son una versión diferente de la servidumbre. Un individuo que no es libre de autodeterminarse debido a la pretensión de la colectividad está simplemente atado a una diversidad de amos en una multitud de formas.

La objeción a la exigencia de autonomía del individuo siempre se ha basado en una forma equivocada de altruismo. ¿Soy "el guardián de mi hermano"? No, no lo soy. Y desde luego no al nivel de un "cuidador" de zoológico en una plantación gubernamental. Una relación no consentida entre cuidador y cuidado es la relación pervertida de las pesadillas mejor caracterizada por las novelas de terror, los criminales dementes y otros depredadores similares. Sin embargo, esta frase ha sido adoptada y citada erróneamente por los más astutos charlatanes, en un intento mal disimulado de convencer a los fieles de que reverencien las cadenas del colectivismo. Preocuparse no es cuidar cuando se habla de una relación entre iguales. El término traducido "cuidar" nunca quiso aludir a "mantener" a los semejantes como se mantiene al ganado o a los siervos en régimen de servidumbre.

Hay muchas razones que explican los catastróficos fracasos del marxismo en el siglo XX. Sin embargo, es esta falacia particular y la arrogancia en su esfuerzo por diseñar la sociedad humana y microgestionarla hasta los detalles más íntimos lo que puso al marxismo en su camino genocida. Así ocurrió todas las veces que el Comunismo Internacional se apoderó de una nación. Sin embargo, a pesar de la carnicería provocada por el asesinato de 160 millones de sus propios ciudadanos en tiempos de paz; a pesar de todo el sufrimiento, los marxistas del siglo XXI no creen haber concluido su labor de manipulación de la humanidad. La afirmación popular de que "el socialismo real nunca se ha puesto a prueba" no sólo es ignorante de la brutal historia del marxismo, sino racista en sus implicaciones. Implica que todas las culturas hispanas, asiáticas, eslavas y africanas que realmente intentaron crear una sociedad marxista que funcionara no estaban a la altura de la

75

tarea. Esta noción expone el elitismo etnocéntrico en el núcleo de los colectivistas occidentales.

También es una concepción miope de la historia que se lamenta y juzga a todas las culturas del "Tercer Mundo" que resistieron el ataque bolchevique en la Guerra Fría. Es una visión que afirma que Estados Unidos fue igual de destructivo que la Unión Soviética. Se trata de una visión truncada de la historia sin ningún concepto de la secuencia de acontecimientos que se desarrollaron. Al contraer los acontecimientos históricos y sacarlos de su línea temporal, corrompen de hecho cualquier noción de causa y efecto, acción y reacción, agresión y autodefensa. Es una concepción amoral de la historia que se atrofia en su divorcio del derecho a la legítima defensa al equiparar las acciones del agresor con las de quienes se defienden.

Es también una concepción de la historia que omite medio siglo de acontecimientos. En 1950, cuando la Guerra Fría se inició de lleno, el mundo era plenamente consciente de que Lenin era culpable del asesinato en masa de unos 15 millones de civiles, y que Stalin le había superado exterminando a unos 25 millones de indefensos europeos del Este. Jruschov había admitido los "excesos" del estalinismo ya en 1956. Por lo tanto, el mundo conocía perfectamente los horrores que traería consigo el comunismo mundial.

Toda esta palabrería y apología de la resistencia del comunismo en las naciones en desarrollo es una opinión moralmente atrofiada que invierte la causa y el efecto, la agresión y la legítima defensa. Es infantil pretender que esas pequeñas naciones del "Tercer Mundo", sin petróleo ni recursos naturales que saquear, eran otra cosa que un lugar en el que los soviéticos podían dar jaque mate a Estados Unidos. Los soviéticos pretendían instaurar el comunismo mundial por la fuerza, destruyendo cualquier capacidad de resistencia al rodear y aislar a Estados Unidos.

Hagamos un recuento de la historia relevante: Las fuerzas armadas soviéticas y estadounidenses se reunieron en Berlín para poner fin a la Segunda Guerra Mundial. Los estadounidenses devolvieron cada centímetro de territorio que habían liberado. Incluso los cementerios de Omaha Beach le fueron arrendados a

Francia. Los soviéticos, en cambio, se quedaron con cada palmo de tierra que "liberaron", y una docena de naciones desaparecieron del mapa durante más de 60 años. Se demolieron culturas enteras bajo el pretexto de la "colectivización" y se aterrorizó, brutalizó y purgó a poblaciones al mismo ritmo que si hubieran seguido siendo víctimas del nazismo.

¿Dónde está la ecuanimidad en estos resultados? ¿Cómo puede una persona honesta considerarlos moralmente equivalentes? Hay una razón por la que los alemanes que se rindieron huyeron de los soviéticos y decididamente hacia los estadounidenses al final de la Segunda Guerra Mundial. ¿Cómo puede una persona con moral creer que la opción ética habría sido permitir que Stalin pisoteara Alemania Occidental, consumiera Francia e Inglaterra y continuara imperturbable hasta la frontera entre Texas y México?

SOCIALISTS AND PROGRESSIVES CONFUSE COMPASSION AND COMPULSION.

*SOCIALISTAS Y PROGRESISTAS
CONFUNDEN COMPASIÓN Y COMPULSIÓN.*

EL EPÍTOME DEL PRIVILEGIO BLANCO
ES EL LUJO DE CREER QUE
"NUNCA SE HA PROBADO EL COMUNISMO REAL".

THE EPITOME OF WHITE PRIVILEGE
IS THE LUXURY OF BELIEVING THAT
"REAL COMMUNISM HAS NEVER BEEN TRIED."

LIVING SOMEONE ELSE'S UTOPIAN DREAM IS TRULY A NIGHTMARE. NONE SHOULD FORFEIT THEIR LIFE'S ASPIRATIONS TO TOIL FOR THE GOALS OF ANOTHER. UNITY OF PURPOSE IS A JAIL SENTENCE. COLLECTIVISM IS A CRIME; THEFT OF INDIVIDUAL WORTH.

VIVIR LA UTOPÍA DE OTRA PERSONA ES REALMENTE UNA PESADILLA. NINGUNO DEBE RENUNCIAR A LAS ASPIRACIONES DE SU VIDA PARA TRABAJAR POR LOS OBJETIVOS DE OTRO. LA UNIDAD DE PROPÓSITO ES UNA SENTENCIA DE CÁRCEL. EL COLECTIVISMO ES UN DELITO; ROBO DEL VALOR INDIVIDUAL.

CENTRALLY PLANNED ECONOMIES
ARE UPENDED BY OUT OF CONTROL POPULATION.
THEIR ESCAPE VALVE IS EUGENICS.

*LAS ECONOMÍAS DE PLANIFICACIÓN CENTRALIZADA
SE VEN TRASTOCADAS POR UNA POBLACIÓN FUERA DE CONTROL.
SU VÁLVULA DE ESCAPE ES LA EUGENESIA.*

EL SOCIALISMO ES "PENSAMIENTO GRUPAL".
¿QUÉ TANTO SE DEBE DESCONOCER LA HISTORIA PARA ABOGAR
POR EL "PENSAMIENTO GRUPAL"?

SOCIALISM IS "GROUP-THINK." HOW UNINFORMED IN HISTORY DO YOU HAVE TO BE TO ADVOCATE FOR "GROUP-THINK"??

THE SADIST DESIRES TO COMMAND AND CONTROL.
THE MASOCHIST DESIRES TO BE FREED FROM THE
BURDENS OF LIBERTY.
THAT IS SOCIALISM.

*EL SÁDICO DESEA MANDAR Y CONTROLAR. EL MASOQUISTA DESEA
SER LIBERADO DE LAS CARGAS DE LA LIBERTAD.
ESO ES EL SOCIALISMO.*

ALGUNOS CAPITALISTAS SUFREN DE AMIGUISMO.
TODO EL SOCIALISMO ES PERVERTIDO POR EL ESTATISMO
COMPINCHE DE UNOS POCOS PODEROSOS.

SOME CAPITALISM SUFFERS FROM CRONYISM. ALL OF SOCIALISM IS PERVERTED BY THE CRONY STATISM OF THE POWERFUL FEW.

THE THEORY OF COMMUNISM
MAY BE SUMMED UP IN ONE SENTENCE:
ABOLISH ALL PRIVATE LIBERTY.

*LA TEORÍA DEL COMUNISMO
SE PUEDE RESUMIR EN UNA FRASE:
ABOLIR TODA LIBERTAD PRIVADA.*

JUGAR A LA RULETA RUSA IMPLICA UNA PROBABILIDAD DE 1 EN 6 DE TERMINAR CON SU VIDA. CONVERTIR LA ECONOMÍA DE SU NACIÓN AL SOCIALISMO ES APROXIMADAMENTE UNA PROBABILIDAD DE 9 SOBRE 10 DE QUE COLAPSE LA ECONOMÍA, ERRADIQUE SUS DERECHOS INDIVIDUALES Y TERMINE CON LA VIDA TAL COMO LA CONOCE. JUGAR A LA RULETA RUSA ES, INCREÍBLEMENTE, LA OPCIÓN MÁS SENSATA DE LAS DOS.

PLAYING RUSSIAN ROULETTE PUTS YOU IN A 1 IN 6 CHANCE OF ENDING YOUR LIFE. CONVERTING YOUR NATION'S ECONOMY TO SOCIALISM IS ABOUT A 9 OUT OF 10 CHANCE THAT YOU WILL COLLAPSE THE ECONOMY, ERADICATE YOUR INDIVIDUAL RIGHTS, AND END LIFE AS YOU KNOW IT. PLAYING RUSSIAN ROULETTE IS, INCREDIBLY, THE MORE SANE CHOICE OF THE TWO.

ADAM SMITH'S "MAN OF SYSTEMS" WAS, IN OTHER TERMS, A WAY OF DESCRIBING SADISM IN ITS ORIGINAL DEFINITION AS PRACTICED BY THE MARQUIS DE SADE: A MASTER MANIPULATOR LUSTING TO PLAY OTHER HUMANS LIKE A FIDDLE.

"EL HOMBRE DEL SISTEMAS DE ADAM SMITH ERA, EN OTROS TÉRMINOS, UNA FORMA DE DESCRIBIR EL SADISMO EN SU DEFINICIÓN ORIGINAL PRACTICADA POR EL MARQUÉS DE SADE: UN MAESTRO MANIPULADOR DESEOSO DE TOCAR A OTROS HUMANOS COMO UN VIOLÍN.

LA ÚNICA POBLACIÓN
QUE EL COMUNISMO HA ALIMENTADO CON ÉXITO
ES LA POBLACIÓN DE TIBURONES
QUE NADAN EN EL ESTRECHO DE FLORIDA.

THE ONLY POPULATION
COMMUNISM HAS EVER SUCCESSFULLY FED
IS THE SHARK POPULATION
SWIMMING THE FLORIDA STRAITS.

DEMOCRATIC SOCIALISM
IS SIMPLY TOTALITARIANISM
THAT ALLOWS YOU THE ILLUSION
OF A VOICE IN THE MATTER.

*EL SOCIALISMO DEMOCRÁTICO
ES SIMPLEMENTE TOTALITARISMO
QUE PERMITE LA ILUSIÓN
DE TENER VOZ EN EL ASUNTO.*

LOS IZQUIERDISTAS SE COMEN A SUS HIJOS:
LOS POETAS, ARTISTAS Y RADICALES
SON ASESINADOS PRIMERO
UNA VEZ QUE LA "REVOLUCIÓN" LLEGA AL PODER.

LEFTISTS EAT THEIR CHILDREN:
THE POETS, ARTISTS, AND RADICALS
ARE MURDERED FIRST
ONCE THE "REVOLUTION"
ACTUALLY COMES TO POWER.

DEMOCRACY IS NOT A FORM OF GOVERNMENT. IT IS A TOOL OF GOVERNMENT. CASE IN POINT, STALINIST USSR DESCRIBED ITSELF AS A "DEMOCRACY".

LA DEMOCRACIA NO ES UNA FORMA DE GOBIERNO. ES UNA HERRAMIENTA DE GOBIERNO. POR EJEMPLO, LA URSS ESTALINISTA SE DESCRIBIÓ A SÍ MISMA COMO UNA "DEMOCRACIA".

EL SOCIALISMO DEMOCRÁTICO
SE CONVIERTE EN UN SOCIALISMO TOTALITARIO
Y, FINALMENTE, EN COMUNISMO
A MEDIDA QUE LA GENTE SE RESISTE AL ESTATISMO.

DEMOCRATIC SOCIALISM DEVOLVES INTO TOTALITARIAN SOCIALISM AND EVENTUALLY INTO FULL ON COMMUNISM AS PEOPLE RESIST STATISM.

SOCIALISM IS NOT A MERITOCRACY.
BY DEFINITION, SOCIALISM PLACES
INCREASINGLY CONFINING RESTRAINTS
ON THOSE THAT SUCCEED.

*EL SOCIALISMO NO ES UNA MERITOCRACIA.
POR DEFINICIÓN, EL SOCIALISMO
IMPONE RESTRICCIONES CADA VEZ MÁS LIMITANTES
A AQUELLOS QUE TIENEN ÉXITO.*

UNA "ECONOMÍA DE PLANIFICACIÓN CENTRALIZADA", POR DEFINICIÓN, DESALIENTA Y DESPRECIA LA PARTICIPACIÓN DE LAS MASAS. UNA ECONOMÍA DE PLANIFICACIÓN CENTRALIZADA ES OLIGARQUÍA BUROCRÁTICA.

A "CENTRALLY PLANNED ECONOMY," BY DEFINITION, DISCOURAGES AND DESPISES PARTICIPATION BY THE MASSES. A CENTRALLY PLANNED ECONOMY IS BUREAUCRATIC OLIGARCHY.

EVERY TOTALITARIAN COMMUNIST
CONSIDERED THEMSELVES AS A SOCIALIST
FIRST AND FOREMOST.

*TODO COMUNISTA TOTALITARIO
SE CONSIDERABA A SÍ MISMO
COMO SOCIALISTA ANTE TODO.*

LOS SOCIALISTAS Y PROGRESISTAS
SON INFANTES QUE JUEGAN CON FÓSFOROS,
SIN SABER LO QUE REALMENTE ES EL FUEGO.

SOCIALISTS AND PROGRESSIVES
ARE INFANTS PLAYING WITH MATCHES,
WITH NO CONCEPT OF WHAT FIRE TRULY IS.

HISTORY IS CLEAR ON THIS POINT:
THE ROAD TO EVIL
IS PAVED WITH SOCIALIST INTENTIONS.

LA HISTORIA ES CLARA EN ESTE PUNTO:
EL CAMINO HACIA EL MAL ESTÁ PAVIMENTADO
CON INTENCIONES SOCIALISTAS.

CUANTO MÁS FUERTE
SE BALANCEA EL PÉNDULO HACIA UNA DIRECCIÓN,

MÁS VIOLENTAMENTE SE BALANCEARÁ HACIA ATRÁS.

THE HARDER YOU SWING
THE PENDULUM ONE WAY,

THE MORE VIOLENTLY
IT WILL SWING BACK.

Suicide by Utopianism

Humanity has never lacked individuals that were fully convinced they knew what is best for others. This is that fine line, so clear, yet seemingly so blurred to large swaths of humanity: at what point does a leader become a predator or a captor? The answer seems clear. The line of demarcation stands at consent, the "consent of the governed," as the Founding Fathers of the American Revolution clarified. A non-consensual bonding is better characterized as rape, slavery, incarceration, or worse.

Yet, the more extravagant the idea, the more it seems to holds the minds of the megalomaniac, the power hungry, the sadists and masochists. There is a significant portion of the humanity that gleans pleasure from steering their fellow humans like a master steers a beast of burden. Alas, the utopian ideal is a powerful drug, both for the sadist and masochists.

Remember your history; utopianism has its roots in sadism. The Marquis de Sade was also a utopian socialist, and we should not be surprised by this forgotten historical factoid. The utopian vision is the daydream of a singular dreamer, imagining a world where everything is tuned to their specific liking, and of note, to the exclusion of the opinion or prerogative of any other competing visions. Utopias cannot be pluralistic by their very definition. Utopias are statist by their very nature, as force is required to enforce the singular vision of one author. Utopias are also a form of stasis, where a perceived state of perfection is maintained no matter the costs or consequences.

Thomas Moore, the author of the original "Utopia", wrote his novel as a warning to humanity precisely because of this inescapable fact: utopian visionaries are sadists, looking to orchestrate all of society in some contrived and megalomaniacal performance, like some overgrown child demanding that you play only their game and only by their rules.

Suicidio por utopismo

La humanidad nunca ha adolecido de individuos plenamente convencidos de saber qué es lo mejor para los demás. Ésta es la delgada línea, tan clara, pero aparentemente tan difusa para grandes franjas de la humanidad: ¿en qué momento un líder se convierte en un depredador o en un captor? La respuesta parece clara. La frontera está en el consentimiento, el "consentimiento de los gobernados", como aclararon los Padres Fundadores de la Revolución Estadounidense. Un vínculo no consentido está mejor caracterizado como violación, esclavitud, encarcelamiento o algo peor.

No obstante, cuanto más grande y extravagante es la idea, más fascinación parece ejercer sobre las mentes de los megalómanos, los hambrientos de poder y los sádicos. Existe una proporción significativa de la población humana que disfruta dirigiendo a sus semejantes como un amo dirige a una bestia de carga. Lamentablemente, el ideal utópico es una droga poderosa, tanto para el sádico como para sus sumisos masoquistas.

Recuerde su historia; el utopismo tiene sus raíces en el sadismo. El Marqués de Sade también fue un socialista utópico, y no debería sorprendernos este hecho histórico olvidado. La visión utópica es la fantasía de un soñador singular, que imagina un mundo en el que todo está afinado y adaptado a su gusto específico, y por supuesto, excluyendo la opinión o la pretensión de cualquier otra visión opuesta. Las utopías no pueden ser pluralistas por su misma definición. Las utopías son estatistas por naturaleza, ya que se requiere la fuerza para imponer la visión singular de un autor. Las utopías son también una forma de estasis, en la que se mantiene un estado de perfección percibida sin importar los costos o las consecuencias.

Thomas Moore, el autor de la "Utopía" original, escribió su novela como una advertencia a la humanidad precisamente por este hecho ineludible sobre los visionarios utópicos; porque los visionarios utópicos son sádicos, buscan orquestar toda la sociedad en una actuación artificiosa y megalómana, como un niño malcriado que exige que sólo se juegue a su juego y sólo con sus reglas.

HAZ DEL GOBIERNO EL PASTOR DEL REBAÑO,

Y EL PASTOR SACRIFICARÁ A LAS OVEJAS INDESEABLES.

MAKE GOVERNMENT THE HERDER OF THE FLOCK, AND THE HERDER WILL CULL THE UNDESIRABLE SHEEP.

EUGENICS HAS ALWAYS BEEN THE ESCAPE VALVE OF SINGLE PAYER SOCIALIZED MEDICINE. HAVELOCK ELLIS WAS WRITING ABOUT THEM AS ONE AND THE SAME PRIOR TO THE FIN-DE-SIECLE. CULLING OUT-OF-CONTROL POPULATION GROWTH AND THE ECONOMIC DRAIN OF THE INCURABLY SICK HAS ALWAYS BEEN A PART OF SOCIALIZED MEDICINE.

LA EUGENESIA SIEMPRE HA SIDO LA VÁLVULA DE ESCAPE DE LA MEDICINA SOCIALIZADA DE PAGADOR ÚNICO. HAVELOCK ELLIS ESTABA ESCRIBIENDO SOBRE ELLOS COMO UNO Y EL MISMO ANTES DEL FIN-DE-SIECLÉ. ELIMINAR EL CRECIMIENTO DESCONTROLADO DE LA POBLACIÓN Y LA FUGA ECONÓMICA DE LOS ENFERMOS INCURABLES SIEMPRE HA SIDO PARTE DE LA MEDICINA SOCIALIZADA.

PROGRESISMO = EUGENESIA:

*LAS ECONOMÍAS DE PLANIFICACIÓN CENTRALIZADA
TIENTAN EL CONTROL DE LA POBLACIÓN.*

PROGRESSIVISM = EUGENICS:
CENTRALLY PLANNED ECONOMIES TEMPT POPULATION CONTROL.

HUMANITY HAS OVERCOME THE FOOD CHAIN, AND HAVING SURPASSED ALL OTHER PREDATORS, HUMANITY HAS NOW TURNED TO A STRANGE FORM OF CANNIBALISM: HUMANITY PREYS UPON ITSELF. WE CULL OUR OWN HERD. WE MURDER OUR OWN CHILDREN. THIS IS WHAT WE CALL "PROGRESS."

LA HUMANIDAD HA SUPERADO LA CADENA ALIMENTARIA, Y HABIENDO SUPERADO A TODOS LOS DEMÁS DEPREDADORES, AHORA HA RECURRIDO A UNA EXTRAÑA FORMA DE CANIBALISMO: LA HUMANIDAD SE DEPREDA A SÍ MISMA. SACRIFICAMOS NUESTRA PROPIA MANADA. ASESINAMOS A NUESTROS PROPIOS HIJOS. ESTO ES LO QUE LLAMAMOS "PROGRESO".

EXISTE UN MITO MUY PELIGROSO DE QUE HITLER FUE ALIMENTADO ÚNICAMENTE POR EL RACISMO. SU DESEO DE DISEÑAR LA SOCIEDAD ERA OMNIPRESENTE. EL RACISMO POR SÍ SOLO NO PUEDE EXPLICAR LO QUE SUCEDIÓ EN EL HOLOCAUSTO SIN ABORDAR TAMBIÉN LAS POLÍTICAS ESTATISTAS DE HITLER.

THERE IS A VERY DANGEROUS MYTH THAT HITLER WAS SOLELY FUELED BY RACISM. HIS DESIRE TO ENGINEER SOCIETY WAS PERVASIVE. RACISM ALONE CANNOT EXPLAIN WHAT HAPPENED IN THE HOLOCAUST WITHOUT ALSO ADDRESSING HITLER'S STATIST POLICIES.

THE DESIRE TO ENGINEER HUMANITY
IS A SIGN OF A MIND

WARPED BY MEGALOMANIA
AND LUST FOR POWER.

EL DESEO DE DISEÑAR A LA HUMANIDAD
ES UN SIGNO DE UNA MENTE
DEFORMADA POR LA MEGALOMANÍA
Y LA LUJURIA POR EL PODER.

Scientism

Scientism is the religion of the utopian visionaries. The utopian visionaries must set themselves as the protagonists to their utopian orchestration, and all others are to play by the rules necessary to sustain their utopian vision. Religion or belief in a God greater than humanity cannot be tolerated, as that immediately undermines the authority of the conductor. Sadists do not tolerate competition. Sadists require that their masochist masses focus on the orchestrated performance and nothing else. This is why every form of socialism, be it Lenin's Socialist International or Hitler's National Socialism eschewed any form of traditional religion.

However, religion does have an important role to play in society, especially a collectivist society where a shared truth must exist to underscore the righteousness of the prescribed vision. This is where "scientism" was born. This is where the utopian visionaries took an interest in controlling facts. A domesticated human is required to recognize the greatness and righteousness of the governing elites.

The Soviet Union and Chinese Communists murdered tens of millions of their own citizens as the proximate result of their politicized science. Modern Marxists like to brush off responsibility by claiming that the mass-starvation was the result of famines, as if the heavy-hand of those governments didn't create the conditions for the mass-starvation. They ignore the fact that the carnage was fully predictable after their first catastrophic flirtation with forced collectivization of the nation's food supply. Even worse, they ignore the fact that most of the victims were populations targeted for their resistance to collectivization of family farms. We term these genocidal acts as "Mass Murder" and not "Mass Manslaughter" precisely because of the mindset of the perpetrators. Intent, or *"mens rea"*, is what separates "murder" from "manslaughter."

Utopian socialists have created a replacement religion to focus the will of the masses; a religion best understood as "scientism." The scientific method has been intentionally abandoned and politics injected in its place. Malthusians falsify predictions of catastrophic shortages of life's essentials, despite the fact that Thomas Malthus and his dutiful followers have been proven wrong on every economic or environmental prediction they have made since the 1800s. Subsequent agricultural and technological revolutions have proved their doomsday visions wrong time and time again. Intent is certainly a part of the crimes of politicized science. This is how we march gleefully into a repeat of the Soviet and Chinese famines, by unhinging science from empiricism and injecting it with political agendas.

Hitler's Malthusian economics had, at one point, been exposed as particularly vile due to the consequences of Nazism's eugenic rationing and culling. In equal manner, the Cold War era passed judgement on Lysenkoism and all of its disastrous calculations. The victims of Nazism were culled as they were deemed "useless eaters." The victims of Bolshevism were but statistics in Lysenko's utopian scientism. We had supposedly evolved a distaste for this politicized admixture of science and economics. Yet, those lessons seem to have been forgotten in the 21st Century. Forums of highly powerful zealots have convened and are again preaching the gospel of Malthus, barely disguising their calculations to cull population they deem "useless" or politically inconvenient.

Cientismo

El cientismo es la religión de los visionarios utópicos. Los visionarios utópicos deben constituirse en los protagonistas de su orquestación utópica, y todos los demás deben seguir las reglas necesarias para sostener su visión utópica. La religión o la creencia en un Dios superior a la humanidad no pueden tolerarse, pues socavan inmediatamente la autoridad de quien dirige la orquesta. Los sádicos no toleran la competencia. Los sádicos exigen que sus multitudes masoquistas se centren en la actuación orquestada y en nada más. Esta es la razón por la que todas las formas de socialismo, ya sea la Internacional Socialista de Lenin o el nacionalsocialismo de Hitler, evitaron cualquier forma de religión tradicional.

Sin embargo, la religión desempeña un papel importante en la sociedad, especialmente en una sociedad colectivista en la que debe existir una verdad compartida para destacar la rectitud de la visión prescrita. Aquí es donde nació el " cientismo ". Es aquí donde los visionarios utópicos se interesaron por controlar los hechos. Se requiere un humano domesticado para reconocer la grandeza y la rectitud de las élites gobernantes.

La Unión Soviética y los comunistas chinos asesinaron a decenas de millones de sus propios ciudadanos como resultado inmediato de su ciencia politizada. A los marxistas modernos les gusta evadir la responsabilidad afirmando que la inanición masiva fue el resultado de las hambrunas, como si la mano dura de esos gobiernos no hubiese creado las condiciones para la inanición masiva. Ignoran el hecho de que la masacre era totalmente previsible después de su primer coqueteo catastrófico con la colectivización forzosa del suministro de alimentos de la nación. Peor aún, ignoran el hecho de que la mayoría de las víctimas fueron poblaciones atacadas por su resistencia a la colectivización de las explotaciones familiares. Denominamos a estos actos genocidas "asesinato en masa" y no "homicidio en masa" precisamente por la mentalidad de los autores. La intención, o "mens rea", es lo que separa el "asesinato" del "homicidio".

Los socialistas utópicos han creado una religión de sustitución para centrar la voluntad de las masas; una religión que se entiende mejor como "cientismo". Se ha abandonado deliberadamente el método científico y se ha inyectado política en su lugar. Los maltusianos falsifican las predicciones de una escasez catastrófica de productos esenciales para la vida, a pesar de que se ha demostrado que Thomas Malthus y sus obedientes seguidores se equivocaron en todas las predicciones económicas o medioambientales que hicieron desde el siglo XIX. Las posteriores revoluciones agrícolas y tecnológicas han demostrado una y otra vez que sus visiones catastrofistas eran erróneas. Sin duda, la intención forma parte de los crímenes de la ciencia politizada. Así es como marchamos alegremente hacia una repetición de las hambrunas soviética y china, desvinculando la ciencia del empirismo e inyectándole agendas políticas.

La economía malthusiana de Hitler había sido, en un momento dado, expuesta como particularmente vil dadas las consecuencias del racionamiento y sacrificio eugenésicos del nazismo. Del mismo modo, la época de la Guerra Fría juzgó el lysenkoísmo y todos sus desastrosos cálculos. Las víctimas del nazismo fueron sacrificadas por considerarlas "comedores inútiles". Las víctimas del bolchevismo no eran más que estadísticas en el cientismo utópico de Lysenko. Se suponía que habíamos desarrollado una aversión a esta mezcla politizada de ciencia y economía. No obstante, esas lecciones parecen haberse olvidado en el siglo XXI. Foros de fanáticos muy poderosos se han reunido y vuelven a predicar el evangelio de Malthus, disimulando a duras penas sus cálculos para eliminar a la población que consideran "inútil" o políticamente inconveniente.

MARX CALLED DARWIN A PLAGIARIST
AND MALTHUS A FRAUD.
NOW ALL MARXISTS ARE MALTHUSIAN DARWINISTS.

*MARX ACUSÓ A DARWIN DE PLAGIARIO
Y A MALTHUS DE SER UN FRAUDE.
AHORA BIEN, TODOS LOS MARXISTAS SON DARWINISTAS
MALTHUSIANOS.*

LOS PROGRESISTAS ESTADOUNIDENSES NO PUEDEN O NO QUIEREN DAR EL SALTO INTELECTUAL DE QUE LA "CIENCIA" EN EL "RACISMO CIENTÍFICO" NO SE ORIGINÓ CON LAS PERSONAS A LAS QUE DE OTRA MANERA ACUSAN DE NI SIQUIERA CREER EN LA "CIENCIA" EN PRIMER LUGAR.

AMERICAN PROGRESSIVES CANNOT OR WILL NOT MAKE THE INTELLECTUAL LEAP THAT THE "SCIENCE" IN "SCIENTIFIC RACISM" DID NOT ORIGINATE WITH THE PEOPLE THEY OTHERWISE ACCUSE OF NOT EVEN BELIEVING IN "SCIENCE" IN THE FIRST PLACE.

I FIND THAT MOST PEOPLE THAT ZEALOUSLY DEFEND DARWIN HAVE NOT ACTUALLY READ DARWIN; DEFINITELY NOT DARWIN'S SECOND BOOK, THE DESCENT OF MAN.

ENCUENTRO QUE LA MAYORÍA DE LAS PERSONAS QUE DEFIENDEN CELOSAMENTE A DARWIN NO HAN LEÍDO REALMENTE A DARWIN; SOBRE TODO EL SEGUNDO LIBRO DE DARWIN, EL DESCENSO DEL HOMBRE.

EL PRODUCTO DE LOS LOGROS CIENTÍFICOS DEBERÍA VENDERSE.
EL CIENTÍFICO NO DEBERÍA.

THE PRODUCT OF SCIENTIFIC ACHIEVEMENTS SHOULD BE FOR SALE.

THE SCIENTIST SHOULD NOT.

**INDEPENDENT THINKING
IS A CRUCIAL PRECURSOR
TO POLITICAL INDEPENDENCE.**

*EL PENSAMIENTO INDEPENDIENTE
ES UN PRECURSOR CRUCIAL
DE LA INDEPENDENCIA POLÍTICA.*

EL PROGRESISMO ES UN CÁNCER,
Y LA ACADEMIA ES EL CARCINÓGENO.

WOKENESS IS A CANCER,
AND ACADEMIA IS THE CARCINOGEN.

THERE IS NOT A SINGLE ECOSYSTEM IN THE UNIVERSE THAT IS "SUSTAINABLE." THE PLANETS ARE NOT "SUSTAINABLE." OUR SOLAR SYSTEM IS, AT BEST, SUSTAINED CHAOS. THE BEST HUMANITY CAN DO IS LEARN TO RIDE THE WAVES OF UNCERTAINTY.

NO HAY UN SOLO ECOSISTEMA EN EL UNIVERSO QUE SEA "SOSTENIBLE". LOS PLANETAS NO SON "SOSTENIBLES". NUESTRO SISTEMA SOLAR ES, EN EL MEJOR DE LOS CASOS, UN CAOS SOSTENIDO. LO MEJOR QUE LA HUMANIDAD PUEDE HACER ES APRENDER A SURFEAR LAS OLAS DE LA INCERTIDUMBRE.

LA NOCIÓN AMBIENTALISTA SOBRE UNA "MADRE TIERRA" O "DELICADO EQUILIBRIO EN LA NATURALEZA" NO ES MÁS SOFISTICADA O SE BASA EN EVIDENCIA EMPÍRICA QUE UNA CREENCIA EN EL "JARDÍN DEL EDÉN". TODA LA EVIDENCIA APUNTA A UN UNIVERSO VIOLENTAMENTE CAÓTICO, DONDE NUESTRA "MADRE TIERRA" NO ES NADA QUE COMPRE UN PEDAZO DE FLEMA ESCUPIDA Y SIENDO GIRADA POR NUESTRO SOL. ESTAMOS A MERCED DE CUALQUIER CATÁSTROFE QUE SE DESATE SOBRE NUESTRO PEQUEÑO PEDAZO DE SOL, Y DE NINGUNA MANERA VIVIMOS EN UNA CONCEPCIÓN UTÓPICA DEL EDÉN.

THE ENVIRONMENTALIST NOTION ABOUT A "MOTHER EARTH" OR "DELICATE BALANCE IN NATURE" IS NO MORE SOPHISTICATED OR BASED ON EMPIRICAL EVIDENCE THAN IS A BELIEF IN THE "GARDEN OF EDEN." ALL EVIDENCE POINTS TO A VIOLENTLY CHAOTIC UNIVERSE, WHERE OUR "MOTHER EARTH" IS NOTHING BUT A PIECE OF PHLEGM SPAT OUT AND BEING WHIRLED AROUND BY OUR SUN. WE ARE AT THE MERCY OF WHATEVER CATASTROPHE IS UNLEASHED UPON OUR LITTLE PIECE OF SUN HOCKER, AND BY NO MEANS LIVING IN SOME UTOPIAN CONCEPTION OF EDEN.

POLITICIZED SCIENCE
IS LIKE A PROSTITUTE WITH AN STD.
YOU KNOW SHE HAS BEEN FUCKED
BY A DIRTY POLITICIAN.

LA CIENCIA POLITIZADA
ES COMO UNA PROSTITUTA CON UNA ETS.
SABES QUE HA SIDO FOLLADA
POR UN POLÍTICO SUCIO.

LA AFIRMACIÓN DE QUE LAS TEORÍAS DE DARWIN ERAN EL CENTRO DE LA EUGENESIA, LA CIENCIA RACIAL EN EL NÚCLEO DEL NAZISMO, NO SON NUEVAS. NO SON HISTORIA REVISIONISTA HECHA A PARTIR LAS REVELACIONES DE LOS CAMPOS DE LA MUERTE. ESTAS AFIRMACIONES PRECEDEN AL HOLOCAUSTO POR VARIAS DÉCADAS. LOS ÍCONOS DE LA CIENCIA ESTADOUNIDENSES Y BRITÁNICOS, A SABER, LOS FAMILIARES Y COLEGAS DE DARWIN, ESTABAN AFIRMABAN ESTO ANTES DE QUE ADOLF HITLER NACIERA, Y CONTINUARON HACIÉNDOLO HASTA EL FINAL DE LA SEGUNDA GUERRA MUNDIAL.

THE CLAIM THAT DARWIN'S THEORIES WERE AT THE CORE OF EUGENICS, THE RACIAL SCIENCE AT THE CORE OF NAZISM, ARE NOT NEW. THEY ARE NOT REVISIONIST HISTORY MADE UPON THE REVELATIONS OF THE DEATH CAMPS. THESE CLAIMS PRECEDE THE HOLOCAUST BY SEVERAL DECADES. AMERICAN AND BRITISH ICONS OF SCIENCE, NAMELY DARWIN'S RELATIVES AND COLLEAGUES, WERE MAKING THIS CLAIM BEFORE ADOLF HITLER WAS EVEN BORN, AND CONTINUED TO DO SO ON UP THROUGH THE END OF WORLD WAR II.

IT IS INCREDIBLE THAT THIS MUST BE SAID, BUT THE OBVIOUS SEEMS TO ESCAPE POLITICIZED ACADEMICS, SO WE MUST STATE THE OBVIOUS: GENOCIDE IS DELIBERATE; IT IS PREMEDITATED. THERE IS NO GENOCIDE WITHOUT PREMEDITATION. THE MURDERS ARE NOT UNFORTUNATE COINCIDENCES. THIS IS WHY IT IS CALLED "MASS MURDER" AND NOT "MASS MANSLAUGHTER."

ES INCREÍBLE QUE HAYA QUE DECIR ESTO, PERO LO OBVIO PARECE ESCAPAR DE LOS ACADÉMICOS POLITIZADOS, POR LO QUE DEBEMOS AFIRMAR LO OBVIO: EL GENOCIDIO ES DELIBERADO, ES PREMEDITADO. NO HAY GENOCIDIO SIN PREMEDITACIÓN. LOS ASESINATOS NO SON COINCIDENCIAS DESAFORTUNADAS. ES POR ESO QUE SE LLAMA "ASESINATO EN MASA" Y NO "HOMICIDIO EN MASA".

EL DARWINISMO NO ES EUGENESIA,
PERO TODOS LOS EUGENECISTAS
FUERON DARWINISTAS DEVOTOS,
EMPEZANDO POR EL HIJO DE DARWIN, LEONARD.

DARWINISM IS NOT EUGENICS,
BUT ALL EUGENICISTS
WERE DEVOTED DARWINISTS,
STARING WITH DARWIN'S SON, LEONARD.

KNOWLEDGE CAN NEVER IMPRISON YOU,
BUT YOU CAN BE CAPTIVE TO YOUR IGNORANCE.

EL CONOCIMIENTO NUNCA PUEDE SER UNA CÁRCEL,
PERO SE PUEDE SER CAUTIVO DE LA IGNORANCIA.

LA VERDAD ES SÓLO RELATIVA
A AQUELLOS QUE IGNORAN LA EVIDENCIA SÓLIDA.

TRUTH IS ONLY RELATIVE
TO THOSE THAT IGNORE HARD EVIDENCE.

NUEVE DE CADA DIEZ EUGENECISTAS EN EL SIGLO 20 TAMBIÉN ERAN PROGRESISTAS O SOCIALISTAS, YA QUE EL CENTRO DEL CREDO EUGENÉSICO ES EL DESEO DE DISEÑAR Y PLANIFICAR CENTRALMENTE LA REPRODUCCIÓN HUMANA Y LA HERENCIA. ESTAS NO ERAN PERSONAS QUE CREÍAN EN LA LIBERTAD INDIVIDUAL. CIERTAMENTE NO CREÍAN QUE EL INDIVIDUO TUVIERA EL DERECHO DE ELEGIR A SU PROPIA PAREJA LIBREMENTE. ERAN ESTATISTAS, ERAN TOTALITARIOS DE CORAZÓN.

NINE OUT OF TEN EUGENICISTS IN THE 20TH CENTURY WERE ALSO PROGRESSIVES OR SOCIALISTS, AS CENTRAL TO THE EUGENIC CREED IS THE DESIRE TO ENGINEER AND CENTRALLY PLAN HUMAN REPRODUCTION AND HEREDITY. THESE WERE NOT PEOPLE THAT BELIEVED IN INDIVIDUAL LIBERTY. THEY CERTAINLY DIDN'T BELIEVE THE INDIVIDUAL HAD THE RIGHT TO CHOSE THEIR OWN MATE FREELY. THEY WERE STATISTS. THEY WERE TOTALITARIANS AT HEART.

AMERICAN ACADEMIA HAS ABANDONED EMPIRICISM TO MAKE WAY FOR "WOKEISM." THIS DOES NOT BODE WELL. SCIENCE WITHOUT EMPIRICISM IS NOTHING BUT RELIGION BY ANOTHER NAME. AMERICAN ACADEMIA HAS REVIVED LYSENKOISM.

LA ACADEMIA ESTADOUNIDENSE HA ABANDONADO EL EMPIRISMO PARA DAR PASO AL "PROGRESISMO". ESTO NO ES UN BUEN AUGURIO. LA CIENCIA SIN EMPIRISMO NO ES MÁS QUE RELIGIÓN CON OTRO NOMBRE. LA ACADEMIA ESTADOUNIDENSE HA REVIVIDO EL LYSENKOISMO.

TENGO MÁS RESPETO POR UNA PROSTITUTA
QUE VENDE SU CUERPO,
PERO NO SU ALMA,
QUE POR LAS PROSTITUTAS POLÍTICAS QUE VENDEN SU ALMA,
PERO NO SU CUERPO.

I HAVE MORE RESPECT FOR A "CALL GIRL" THAT SELLS HER BODY BUT NOT HER SOUL, THAN FOR POLITICAL PROSTITUTES THAT SELL THEIR SOUL BUT NOT THEIR BODY.

THERE'S SOMETHING IMMORAL
ABOUT ABANDONING YOUR COMMON SENSE
IN MATTERS OF SOCIAL IMPORTANCE.

HAY ALGO DE INMORALIDAD
EN ABANDONAR EL SENTIDO COMÚN
EN CUESTIONES DE IMPORTANCIA SOCIAL.

"Civil wars happen when the victimized are armed. Genocide happens when they are not."

- A.E. Samaan -

HISTORY MATTERS

SHOAH

Utopian visions are a disbalance of power. The proximate result of this disbalance of power is that the elite enjoy impunity for even the most heinous of crimes against their fellow man. This is best exemplified in National Socialist Germany. A group of zealots bent on completely remaking German society gained unchecked power, and thus they began in earnest to redefine what it meant to be German, alas, to be human. The fact that there were just enough weak-minded men, willing to surrender any semblance of individual liberty to these zealots meant that peaceful political resistance was an impossibility. Hitler's National Socialists had free reign to forcefully remake every sector of German society. Their visions of a centrally planned cultural exchange, opinion controlled through uncontested mass media, impunity in otherwise extra-legal methods of violently silencing those that did speak up, all coupled with megalomaniac designs on the biological makeup of humanity, primed German society for an unprecedented industrial level carnage. Without the "checks" on power, without the "balance" of political participation, megalomaniacal visions had no brakes; nothing to slow down or control the basest aspects of humanity's penchant for sadism.

Far too often we are taught the comically simplistic notion that Nazism's "crimes against humanity" were solely the product of racism. Yet, racism both predated and later survived the downfall of Hitler's National Socialism. However, The Holocaust remains a unique episode in human history because of the bizarre convergence of technological might with the centralized power of an overseer, much like the one-sided relationship a farmer has with its livestock. This is probably the best way to convey the intent of Hitler's vision: he viewed his fellow humans as his livestock, with "total" power to decide what people ate, who lived, who procreated, and who was deemed unfit for participation in humanity. This is the core of eugenics, or "directed breeding," or "applied biology," as some of the highest-ranking Nazis described their movement.

Why does The Holocaust persist in haunting our conscience? Why does it dominate the introspection of philosophers and historians alike? By the numbers alone, the murders were not unprecedented. At that juncture of 20th Century history, Stalin and Lenin had already brutally murdered tens of millions. The Holocaust fascinates not because of its numbers, but because of the means employed. At no point in time had an entire society dedicated its full might to the perpetual elimination of those unwanted elements of the population. Every aspect of Hitler's National Socialism was geared towards cleansing and improving the breeding stock of Germania. Hitler's National Socialist government was focused on the breeding, education, and training of a "master race." The social, cultural, legislative, and industrial mechanisms of Hitler's National Socialism were designed to perpetually "select" its populace. The central planners of National Socialism would "select" the "fittest". National Socialism was intended to have the "total" control to decide who would be allowed to procreate, and as a result, those that would be allowed to contribute to Hitler's ideal society.

Thus, we return to that widely misused Biblical phrase: Are you "your brother's keeper"? If we are to learn the lessons of The Holocaust, then, no; not to the extent that being "your brother's keeper" makes any one person another human's zoo "keeper." Endow a human with the power over their fellow humans akin to the power a farmer has over livestock, and you will have unleashed humanity's penchant for sadistic command and control. Power indeed corrupts, but more so, unchecked power erodes the necessary "checks and balances" that prevent one human from treating their fellows as their property.

SHOÁ

Las visiones utópicas constituyen un desequilibrio de poder. El resultado inmediato de este desequilibrio de poder es que la élite goza de impunidad incluso para los crímenes más atroces contra sus semejantes. La Alemania nacionalsocialista es el mejor ejemplo de ello. Un grupo de fanáticos empeñados en rehacer por completo la sociedad alemana ganó poder sin control, y así empezaron a redefinir seriamente lo que significaba ser alemán, y por desgracia, ser humano. El hecho de que hubiese suficientes hombres débiles de mente, dispuestos a entregar cualquier atisbo de libertad individual a estos fanáticos, significaba que la resistencia política pacífica era una imposibilidad. Los nacionalsocialistas de Hitler tenían rienda suelta para rehacer por la fuerza todos los sectores de la sociedad alemana. Sus visiones de un intercambio cultural planificado de forma centralizada, una opinión controlada a través de medios de comunicación de masas incuestionables, la impunidad de los métodos extrajudiciales para silenciar violentamente a los que se manifestaban, todo ello unido a los designios megalómanos sobre la composición biológica de la humanidad, prepararon a la sociedad alemana para una carnicería a nivel industrial sin precedentes. Sin los "controles" del poder, sin el "equilibrio" de la participación política, las visiones megalómanas no tenían frenos; nada que frenara o controlara los aspectos más bajos de la inclinación de la humanidad por el sadismo.

Se nos enseña con demasiada frecuencia la noción cómicamente simplista de que los "crímenes contra la humanidad" del nazismo fueron únicamente producto del racismo. Sin embargo, el racismo precedió y sobrevivió a la caída del nacionalsocialismo de Hitler. Sin embargo, el Holocausto sigue siendo un episodio único en la historia de la humanidad debido a la extraña convergencia del poder tecnológico con el poder centralizado de un capataz, muy similar a la relación unilateral que mantiene un granjero con su ganado. Ésta es probablemente la mejor manera de transmitir la intención de la visión de Hitler: consideraba a sus congéneres humanos como su ganado, con poder "total" para decidir qué comía la gente, quién vivía, quién procreaba y a quién se consideraba no apto para participar en la humanidad. Este es el núcleo de la eugenesia, o "reproducción dirigida", o "biología aplicada", como algunos de los nazis de más alto rango describieron su movimiento.

¿Por qué continúa el Holocausto atormentando nuestra conciencia? ¿Por qué domina la introspección de filósofos e historiadores por igual? Sólo por las cifras, los asesinatos no carecían de precedentes. En aquel momento de la historia del siglo XX, Stalin y Lenin ya habían asesinado brutalmente a decenas de millones de personas. El Holocausto fascina no por sus cifras, sino por los medios empleados. Nunca antes una sociedad entera había dedicado todo su poderío a la eliminación perpetua de los elementos no deseados de la población. Todos los aspectos del nacionalsocialismo de Hitler estaban orientados a limpiar y mejorar el linaje de Germania. El gobierno nacionalsocialista de Hitler se centraba en la cría, educación y formación de una "raza superior". Los mecanismos sociales, culturales, legislativos e industriales del nacionalsocialismo de Hitler estaban diseñados para "seleccionar" perpetuamente a su población. Los planificadores centrales del nacionalsocialismo "seleccionarían" a los "más aptos". El nacionalsocialismo pretendía tener el control "total" para decidir a quién se le permitiría procrear y, como resultado, a quién se le permitiría contribuir a la sociedad ideal de Hitler.

Por lo tanto, volvemos a esa frase bíblica ampliamente mal utilizada: ¿Eres "el guardián de tu hermano"? Si queremos aprender las lecciones del Holocausto, entonces no; no hasta el punto de que ser "el guardián de tu hermano" convierta a cualquier persona en el "guardián" zoológico de otro ser humano. Si dotamos a un ser humano de un poder sobre sus congéneres similar al que tiene un granjero sobre el ganado, habremos desatado la inclinación de la humanidad por el mando y el control sádicos. El poder corrompe, pero, sobre todo, el poder sin control erosiona los "controles y equilibrios" necesarios que impiden que un ser humano trate a sus semejantes como si fueran de su propiedad..

*NO SE PUEDE LLEGAR AL GENOCIDIO
SIN ANTES VISITAR
LA POLÍTICA DE IDENTIDAD.*

YOU CAN'T GET TO GENOCIDE WITHOUT FIRST VISITING IDENTITY POLITICS.

THE PROGRESSIVE LEFT CANNOT SURVIVE AN HONEST ACCOUNTING OF HITLER'S DOMESTIC POLICIES, ANY MORE THAN MEDUSA CAN GAZE UPON HER REFLECTION IN A MIRROR.

LA IZQUIERDA PROGRESISTA NO PUEDE SOBREVIVIR A UN RECUENTO HONESTO DE LAS POLÍTICAS INTERNAS DE HITLER, COMO TAMPOCO MEDUSA PUEDE MIRAR SU REFLEJO EN UN ESPEJO.

UN "RACISTA" CREE
QUE ES MEJOR QUE OTRAS RAZAS.
UN "ELITISTA" PIENSA
QUE ES MEJOR QUE TODOS.

A "RACIST" THINKS THEMSELVES BETTER THAN OTHER RACES. AN "ELITIST" THINKS THEY ARE BETTER THAN EVERYONE.

EUGENICS IS NOT JUST A TOOL OF TOTALITARIANISM. EUGENICS, AS IT WAS CONCEIVED, COULD NOT BE ANYTHING BUT TOTALITARIAN AS IT DESIRED TO CONTROL ALL ASPECTS OF SOCIETY.

HITLER'S "NATIONAL SOCIALIST" FORM OF GOVERNMENT WAS AMONGST THE FIRST TO PUT THE FULL FORCE OF ITS GOVERNMENT TO CONDUCT COMPULSORY HEALTH INITIATIVES. IT IS BY NO COINCIDENCE THAT THE DACHAU CONCENTRATION CAMP USED ITS SLAVE-LABOR TO RUN THE LARGEST ORGANIC PRODUCE FARM OF THE ERA.

LA EUGENESIA NO ES SÓLO UNA HERRAMIENTA DEL TOTALITARISMO. LA EUGENESIA, TAL COMO FUE CONCEBIDA, NO PODÍA SER OTRA COSA QUE TOTALITARIA, YA QUE DESEABA CONTROLAR TODOS LOS ASPECTOS DE LA SOCIEDAD.

LA FORMA DE GOBIERNO "NACIONALSOCIALISTA" DE HITLER FUE UNA DE LAS PRIMERAS EN ENFOCAR TODA LA FUERZA DE SU GOBIERNO PARA LLEVAR A CABO INICIATIVAS DE SALUD OBLIGATORIAS. NO ES CASUALIDAD QUE EL CAMPO DE CONCENTRACIÓN DE DACHAU UTILIZARA SU MANO DE OBRA ESCLAVA PARA DIRIGIR LA GRANJA DE PRODUCTOS ORGÁNICOS MÁS GRANDE DE LA ÉPOCA.

WITH THE EMBERS STILL BURNING: THE SCIENTIFIC COMMUNITY HAS DONE A PRONOUNCED AMOUNT OF HANDWRINGING ABOUT ITS INVOLVEMENT IN THE ATOMIC BOMB'S CREATION, AND A DISPROPORTIONATELY ABSENT AMOUNT OF SOUL-SEARCHING WITH RESPECT TO ITS CREATION OF THE SCIENCE OF EUGENICS. THE 450,000 DEATHS DUE TO THE BOMB ARE RELATIVELY SMALL IN THE SHADOW OF THE TENS OF MILLIONS DEAD AS A RESULT OF NATIONAL SOCIALISM'S EUGENIC CAMPAIGN. THE CASUALTIES OF THE HOLOCAUST ARE THE CASUALTIES OF THE SCIENCE OF EUGENICS, WHICH SO MANY SCIENTISTS HAD ACTIVELY CAMPAIGNED FOR LEADING UP TO WORLD WAR II. YET, THE SCIENTIFIC COMMUNITY HAS CONFRONTED ITS COMPLICITY WITH COLLECTIVE SILENCE AND SOMETIMES OUTRIGHT CENSORSHIP WHEN IT COMES TO THE SUBJECT OF EUGENICS.

CON LAS BRASAS TODAVÍA ARDIENDO: LA COMUNIDAD CIENTÍFICA SE HA LAMENTADO PROFUNDAMENTE SU PARTICIPACIÓN EN LA CREACIÓN DE LA BOMBA ATÓMICA, Y HA HECHO UN EXAMEN DE CONCIENCIA REALMENTE ESCASO RESPECTO A SU CREACIÓN DE LA CIENCIA DE LA EUGENESIA. LAS 450.000 MUERTES DEBIDAS A LA BOMBA SON RELATIVAMENTE PEQUEÑAS FRENTE A LOS MUCHOS MILLONES DE MUERTOS RESULTANTES DE LA CAMPAÑA EUGENÉSICA DEL NACIONALSOCIALISMO. LAS VÍCTIMAS DEL HOLOCAUSTO SON LAS VÍCTIMAS DE LA CIENCIA DE LA EUGENESIA, POR LA QUE TANTOS CIENTÍFICOS HABÍAN HECHO CAMPAÑA ACTIVAMENTE ANTES DE LA SEGUNDA GUERRA MUNDIAL. SIN EMBARGO, LA COMUNIDAD CIENTÍFICA SE HA ENFRENTADO A SU COMPLICIDAD CON EL SILENCIO COLECTIVO Y, A VECES, CON LA CENSURA ABSOLUTA CUANDO SE TRATA DEL TEMA DE LA EUGENESIA.

PROCURE NO DEVALUAR LA VIDA EN SU JUVENTUD.
LOS JÓVENES PUEDEN MUY BIEN
DEVALUARLO CUANDO ENVEJEZCA.

CAREFUL TO DEVALUE LIFE IN YOUR YOUTH.
THE YOUNG MAY VERY WELL
DEVALUE YOU WHEN YOU ARE OLD.

OF THE TENS OF THOUSANDS OF WORDS
SPOKEN DURING THE NUREMBERG TRIAL,
THE WORD "EUGENICS" WAS SAID ONLY ONCE.

*DE LAS DECENAS DE MILES DE PALABRAS
DICHAS DURANTE LOS JUICIOS DE NÚREMBERG,
LA PALABRA "EUGENESIA" SE DIJO UNA SOLA VEZ.*

LOS PERIÓDICOS ESTADOUNIDENSES SOLÍAN ELOGIAR FRECUENTEMENTE LA EUGENESIA JUSTO ANTES DE LA SEGUNDA GUERRA MUNDIAL Y EL HOLOCAUSTO... ES DECIR, HASTA QUE HITLER REVELÓ CÓMO ERA REALMENTE LA EUGENESIA. EVITARON EL TEMA DURANTE DÉCADAS A PARTIR DE ENTONCES.

AMERICAN NEWSPAPERS FREQUENTLY OFFERED PRAISE FOR EUGENICS JUST PRIOR TO WORLD WAR II AND THE HOLOCAUST .... THAT IS, UNTIL HITLER REVEALED WHAT EUGENICS REALLY LOOKED LIKE. THEY AVOIDED THE SUBJECT FOR DECADES THEREAFTER.

CHURCHILL'S 2,054 PAGE BOOK "SECOND WORLD WAR" MAKES NO MENTION OF GENOCIDE OR THE MURDER OF JEWS. COINCIDENTALLY, CHURCHILL WAS A STRONG PROPONENT OF EUGENIC LEGISLATION PRIOR TO THE OUTBREAK OF WORLD WAR II.

EL LIBRO DE 2054 PÁGINAS DE CHURCHILL "SEGUNDA GUERRA MUNDIAL" NO MENCIONA EL GENOCIDIO O EL ASESINATO DE JUDÍOS. CASUALMENTE, CHURCHILL FUE UN FIRME DEFENSOR DE LA LEGISLACIÓN EUGENÉSICA ANTES DEL ESTALLIDO DE LA SEGUNDA GUERRA MUNDIAL.

MUCHOS JÓVENES ESTADOUNIDENSES QUE LUCHARON EN LA SEGUNDA GUERRA MUNDIAL HABÍAN SIDO ESTERILIZADOS BAJO LEYES EUGENÉSICAS CONSIDERADAS "CONSTITUCIONALES" POR LA CORTE SUPREMA DE LOS ESTADOS UNIDOS BAJO EL CASO DE 1927 DE BUCK V. BELL. MÁS DE 80,000 ESTADOUNIDENSES SERÍAN ESTERILIZADOS POR LA FUERZA BAJO ESE PRECEDENTE LEGAL. CASUALMENTE, BUCK V BELL ES TAMBIÉN EL PRECEDENTE LEGAL CITADO EN ROE V. WADE, EL FAMOSO CASO DEL DERECHO AL ABORTO.

MANY AMERICAN BOYS THAT FOUGHT IN WORLD WAR II HAD BEEN STERILIZED UNDER EUGENIC LAWS DEEMED "CONSTITUTIONAL" BY THE UNITED STATES SUPREME COURT UNDER THE 1927 CASE OF BUCK V. BELL. OVER 80,000 AMERICANS WOULD BE FORCIBLY STERILIZED UNDER THAT LEGAL PRECEDENT. COINCIDENTALLY, BUCK V BELL IS ALSO THE LEGAL PRECEDENT CITED IN ROE V. WADE, THE FAMOUS ABORTION RIGHTS CASE.

NOTHING IN RECENT HISTORY
MAKES ANY SENSE
WITHOUT A DEEP UNDERSTANDING
OF WORLD WAR II
AND THE HOLOCAUST.

*NADA EN LA HISTORIA RECIENTE
TIENE SENTIDO
SIN UNA COMPRENSIÓN PROFUNDA
DE LA SEGUNDA GUERRA MUNDIAL
Y EL HOLOCAUSTO.*

CIERTOS PROGRESISTAS ESTADOUNIDENSES Y SOCIALISTAS FABIANOS BRITÁNICOS TIENEN MUCHA SUERTE DE QUE ADOLF HITLER FUERA UN PLAGIARIO, Y QUE NO CITARA SU TRABAJO SOBRE EUGENESIA AL ESCRIBIR MEIN KAMPF. DE LO CONTRARIO, LA HISTORIA LOS RECORDARÍA DE MANERA DIFERENTE.

CERTAIN AMERICAN PROGRESSIVES AND BRITISH FABIAN SOCIALISTS ARE VERY LUCKY THAT ADOLF HITLER WAS A PLAGIARIST, AND THAT HE DID NOT CITE THEIR WORK ON EUGENICS WHEN WRITING MEIN KAMPF. OTHERWISE, HISTORY WOULD REMEMBER THEM DIFFERENTLY.

NAZISM = "NATIONAL SOCIALISM"

BOLSHEVISM = "INTERNATIONAL SOCIALISM"

ONE WAS COLLECTIVISM BASED ON ECONOMIC CLASS, THE OTHER COLLECTIVISM BASED ON RACE AND ETHNICITY. THEY AGREED ON THE SOCIALIST PART, BUT DISAGREED ON THE PARTICIPANTS.

NAZISMO = "NACIONALSOCIALISMO"

BOLCHEVISMO = "SOCIALISMO INTERNACIONAL"

UNO ERA EL COLECTIVISMO BASADO EN LA CLASE ECONÓMICA, EL OTRO EL COLECTIVISMO BASADO EN LA RAZA Y LA ETNIA. ESTUVIERON DE ACUERDO EN LA PARTE SOCIALISTA, PERO NO ESTUVIERON DE ACUERDO EN LOS PARTICIPANTES.

EL TÉRMINO "TOTALITARIO" SE DERIVÓ DEL "ESTADO TOTAL" DE ADOLF HITLER, QUE ERA UNA SOLUCIÓN "DE LA CUNA A LA TUMBA" QUE BUSCABA LA MICROGESTIÓN DE TODOS LOS ASPECTOS DE LA VIDA HUMANA.

THE TERM "TOTALITARIAN" WAS DERIVED FROM ADOLF HITLER'S "TOTAL STATE", WHICH WAS A "CRADLE TO GRAVE" SOLUTION THAT SOUGHT TO MICRO-MANAGE ALL ASPECTS OF HUMAN LIFE.

NEITHER FASCIST ITALY NOR FASCIST SPAIN ADOPTED EUGENICS AS AN IDEOLOGY CENTRAL TO THEIR FORM OF GOVERNMENT THE WAY THE NATIONAL SOCIALIST DID. HOWEVER, SOCIALIST AND PROGRESSIVE NATIONS SUCH AS CANADA, SWEDEN, DENMARK, FINLAND, AND NORWAY DID ADOPT AND IMPLEMENT EUGENICS. THIS IS BECAUSE EUGENICS IS THE SAFETY VALVE OF A CENTRALLY PLANNED ECONOMY. CENTRAL PLANNERS LIKE JOHN MAYNARD KEYNES FEAR A POPULATION THAT IS NOT AS METICULOUSLY PLANNED AS THE ECONOMY. THEY FEAR THE UNPRODUCTIVE SECTORS OUT-BREEDING THE PRODUCTIVE SECTORS OF THE POPULATION. THIS IS ALSO WHY KEYNES WAS A LOBBYIST FOR THE BRITISH EUGENICS MOVEMENT BOTH BEFORE AND AFTER THE HOLOCAUST.

NI LA ITALIA FASCISTA NI LA ESPAÑA FASCISTA ADOPTARON LA EUGENESIA COMO UNA IDEOLOGÍA CENTRAL PARA SU FORMA DE GOBIERNO DE LA MANERA EN QUE LO HIZO EL NACIONALSOCIALISTA. SIN EMBARGO, LAS NACIONES SOCIALISTAS Y PROGRESISTAS COMO CANADÁ, SUECIA, DINAMARCA, FINLANDIA Y NORUEGA ADOPTARON E IMPLEMENTARON LA EUGENESIA. ESTO SE DEBE A QUE LA EUGENESIA ES LA VÁLVULA DE SEGURIDAD DE UNA ECONOMÍA DE PLANIFICACIÓN CENTRALIZADA. LOS PLANIFICADORES CENTRALES COMO JOHN MAYNARD KEYNES TEMEN A UNA POBLACIÓN QUE NO ESTÁ TAN METICULOSAMENTE PLANIFICADA COMO LA ECONOMÍA. TEMEN QUE LOS SECTORES IMPRODUCTIVOS SUPEREN A LOS SECTORES PRODUCTIVOS DE LA POBLACIÓN. ESTA ES TAMBIÉN LA RAZÓN POR LA QUE KEYNES FUE UN CABILDERO PARA EL MOVIMIENTO EUGENÉSICO BRITÁNICO TANTO ANTES COMO DESPUÉS DEL HOLOCAUSTO.

NO HABÍA NADA CONSERVADOR EN ADOLF HITLER.
HITLER ERA UN ARTISTA
Y UN REVOLUCIONARIO DE CORAZÓN.
QUERÍA CAMBIAR Y REHACER POR COMPLETO LA SOCIEDAD
ALEMANA.

THERE WAS NOTHING CONSERVATIVE
ABOUT ADOLF HITLER.
HITLER WAS AN ARTIST
AND A REVOLUTIONARY AT HEART.
HE WANTED TO COMPLETELY UPEND
AND REMAKE GERMAN SOCIETY.

GUNS ARE A NECESSARY TOOL DESIGNED TO HELP
YOUR PEOPLE AVOID A REPEAT OF HISTORY.

*LAS ARMAS SON UNA HERRAMIENTA NECESARIA DISEÑADA PARA
AYUDAR A SU PUEBLO A EVITAR QUE SE REPITA LA HISTORIA.*

*UN PUEBLO ANSIOSO POR PREJUZGAR LA CULPABILIDAD
EN LUGAR DE LA INOCENCIA
ES UN PUEBLO MADURO Y LISTO PARA CONVERTIRSE EN EL
"VERDUGO VOLUNTARIO" DE UN DÉSPOTA.*

A PEOPLE EAGER TO PREJUDGE GUILT AS OPPOSED TO INNOCENCE, ARE A PEOPLE RIPE AND READY TO BECOME A DESPOT'S "WILLING EXECUTIONERS".

A FORGOTTEN PAST IS A PAST THAT IS YET TO BE. A FORGOTTEN HISTORY IS A MEMORY MISSING FROM OUR COLLECTIVE CONSCIENCE. AN INCOMPLETE HISTORY IS LIKE AN INCOMPLETE MIND THAT HAS FORGOTTEN WHO IT IS AND WHERE IT CAME FROM.

UN PASADO OLVIDADO ES UN PASADO QUE AÚN NO EXISTE. UNA HISTORIA OLVIDADA ES UN RECUERDO QUE FALTA EN NUESTRA CONCIENCIA COLECTIVA. UNA HISTORIA INCOMPLETA ES COMO UNA MENTE INCOMPLETA QUE HA OLVIDADO QUIÉN ES Y DE DÓNDE VIENE.

Thoughts Throw Into The Ether

Hitler's henchmen recognized how dangerous the ideals penned in the Declaration of Independence were to their sadistic vision. The manual instructing medical practitioners in Nazi Germany on the regime's eugenic policies made reference to the "fallacy" of claiming that "all were created equal" with equal right to "life, liberty, and the pursuit of happiness." Clearly, a regime looking to breed humans like horses could not tolerate their livestock realizing self-determination any more than a farmer can allow the horses to decide who they can procreate with. "Directed breeding" requires that all surrender to the vision of the central planner.

Hitler's society has rightfully become the prime example of everything that can go wrong with society. It has become the case study of the dangers of a governing elite empowered to decide who can speak, what can be said, and what is to be believed as scientific truth. Tragically though, it is the 1st Amendment to the U.S. Constitution that has come under attack in the 21st Century. Humanity has surrendered individual autonomy for convenience. This time the exchange is with the comforts provided by modern technology, and the dangers have only multiplied because of the 'totalitarian' scope this very technology commands.

It has been a bizarre experience as an expat to witness the once safe harbor of the United States devolve into a command-and-control culture of sadistic constraints on thought and action. The right to express ourselves must never be surrendered to the promises of convenience or the false prophets of scientism.

Pensamientos lanzados al vacío

Los secuaces de Hitler reconocieron lo volátiles que eran las nociones redactadas en la Declaración de Independencia para su visión sádica. El manual que instruía a los médicos de la Alemania nazi respecto a las nuevas políticas eugenésicas del régimen hacía referencia a la "falacia" de afirmar que "todos fueron creados iguales" con igual derecho a "la vida, la libertad y la búsqueda de la felicidad". Claramente, un régimen que pretendía criar humanos como caballos no podía tolerar que su ganado realizara la autodeterminación más de lo que un granjero puede permitir que los caballos decidan con quién procrear. La "reproducción dirigida" requiere que todos se rindan a la visión del planificador central.

La sociedad de Hitler se ha convertido, y con toda razón, en el principal ejemplo de todo lo que puede ir mal en la sociedad. Se ha convertido en el caso de estudio de los peligros de una élite gobernante con poder para decidir quién puede hablar, qué se puede decir y qué se debe creer como verdad científica. Sin embargo, trágicamente, son la 1ª y la 2ª Enmienda de la Constitución de EE.UU. las que han sido atacadas en el siglo XXI. Nuevamente, la humanidad ha renunciado a la autonomía individual por conveniencia. Esta vez el intercambio se produce con las comodidades que proporciona la tecnología moderna, y los peligros no han hecho sino multiplicarse debido al alcance "totalitario" que esta misma tecnología comanda.

Como expatriado, ha sido una experiencia extraña presenciar cómo el otrora puerto seguro de Estados Unidos se ha convertido en una cultura de mando y control de sádicas restricciones al pensamiento y la acción. El derecho a expresarnos nunca debe rendirse a las promesas de conveniencia o a los falsos profetas del cientismo.

THE SPOKEN WORD IS EPHEMERAL.
THE WRITTEN WORD, ETERNAL.
A SYMPHONY, TIMELESS.

LA PALABRA HABLADA ES EFÍMERA.
LA PALABRA ESCRITA, ETERNA.
UNA SINFONÍA, ATEMPORAL.

HUMAN HISTORY IS THE CANVAS,
AND IMAGINATION IS THE PAINT.

LA HISTORIA HUMANA ES EL LIENZO,
Y LA IMAGINACIÓN ES LA PINTURA.

LIFE WITHOUT DEATH IS UNATTAINABLE.
DYING WITHOUT LIVING IN UNCONSCIONABLE.

LA VIDA SIN MUERTE ES INALCANZABLE.
MORIR SIN VIVIR ES INCONCEBIBLE.

HISTORY IS INDEED STRANGER THAN FICTION. THE TWISTS AND TURNS OF HUMAN HISTORY ARE TOO OUTLANDISH TO BE BELIEVABLE IN ANY WORK OF FICTION.

LA HISTORIA ES, DE HECHO, MÁS EXTRAÑA QUE LA FICCIÓN. LOS GIROS Y VUELTAS DE LA HISTORIA HUMANA SON DEMASIADO EXTRAVAGANTES PARA SER CREÍBLES EN CUALQUIER OBRA DE FICCIÓN.

WRITING HISTORY IS LIKE HOLDING A CONVERSATION ACROSS THE AGES, RESPONDING TO PEOPLE LONG GONE AND POSING QUESTIONS TO INDIVIDUALS YET BORN.

ESCRIBIR HISTORIA ES COMO MANTENER UNA CONVERSACIÓN A TRAVÉS DE LOS AÑOS, RESPONDIENDO A PERSONAS QUE SE HAN IDO HACE MUCHO TIEMPO Y PLANTEAR PREGUNTAS A PERSONAS QUE AÚN NO HAN NACIDO.

HUMANS ARE IDEAS;
AND IDEAS ARE UNIQUELY HUMAN.
INVENT YOURSELF.

LOS HUMANOS SON IDEAS;
Y LAS IDEAS SON EXCLUSIVAMENTE HUMANAS.
INVÉNTATE.

THROW AN IDEA INTO THE WORLD
AND ITS IMPACT WILL RIPPLE AND REVERBERATE
BEYOND YOUR SIDE OF THE SHORE.

LANZA UNA IDEA AL MUNDO
Y SU IMPACTO SE EXTENDERÁ Y REVERBERARÁ
MÁS ALLÁ DE SU LADO DE LA ORILLA.

WORDS, THE MOST EPHEMERAL OF OUR CREATIONS, FLUTTER SEEMINGLY INTO NOTHINGNESS WHEN SPOKEN. BUT THE WRITTEN WORD HAS A WAY OF OUTLASTING EVERYTHING ELSE WE CREATE. ALL OUR EARTHLY POSSESSIONS, OUR HOMES, OUR INDUSTRY, AND WEALTH CRUMBLE AND DISSIPATE. THE WRITTEN WORD PROPAGATES, RESURFACES, AND IS REITERATED. WORDS REACH OUT TO US ACROSS THE AGES AND EVIDENCE OUR EXISTENCE, SEEMINGLY CHEATING DEATH. ONCE PUT OUT INTO THE ETHER, WORDS SPREAD AND PERSIST FOR IONS.

LAS PALABRAS, LA MÁS EFÍMERA DE NUESTRAS CREACIONES, PARECEN REVOLOTEAR EN LA NADA CUANDO SE PRONUNCIAN. PERO LA PALABRA ESCRITA SOBREVIVE A TODO LO DEMÁS QUE CREAMOS. TODAS NUESTRAS POSESIONES TERRENALES, NUESTROS HOGARES, NUESTRA INDUSTRIA Y NUESTRA RIQUEZA SE DESMORONAN Y SE DISIPAN. LA PALABRA ESCRITA SE PROPAGA, RESURGE Y SE REITERA. LAS PALABRAS NOS ALCANZAN A TRAVÉS DE LAS ÉPOCAS Y PRUEBAN NUESTRA EXISTENCIA, BURLANDO APARENTEMENTE A LA MUERTE. UNA VEZ LANZADAS AL VACÍO, LAS PALABRAS SE PROPAGAN Y PERSISTEN DURANTE EONES.

Who is A.E. Samaan???

A.E. Samaan is an Investigative Historian, Architect, Industrial Designer, and artist born in San Salvador, El Salvador in the midst of one of the most violent civil wars in the Cold War era, His family moved to Miami, Florida at the peak of the civil war, where Samaan found himself surrounded by fellow expats from Cuba, Nicaragua, and Russia. His professional life returned him to work in various Latin American nations, and on the polemical front lines of 20th Century Communists: the factory floor.

Liberty indeed allows for the individual to follow their bliss and invent and reinvent themselves according to their choosing. The various paths an autonomous individual may choose for themselves is not subject to the plans and designs of a central-planning elite. A.E. Samaan found himself inventing and reinventing himself as the consequence of the trials and tribulations life inevitably brings. Some of the resulting projects have so far been more successful than others, but all are equally cherished:

- **EugenicsAnthology.com** – Original archival research into eugenics, scientific racism, and The Holocaust expressing American and British collaborators thus far forgotten and allowed unaccountability.
- **BerlezBass.com** – Design and build of electric bass guitars, with the goal of bringing to life unique musical visions.
- **UnyieldingVastness.com** – InfraRed B&W landscape and nature photography of the American Southwest.
- **ShadesOfVanity.com** – InfraRed B&W erotic nude photography and book series.
- **SamaanCoachworks.com** – Industrial and Architectural design applied to restomodding of classic BMWs.

There are other art and photography projects in the works. This book is a retrospect and reflection of the forces that created A.E. Samaan's love for individual liberty. ThoughtsInEther.com is intended to become a book series.

¿¿¿Quién es A.E. Samaan???

A.E. Samaan es un historiador de investigación, arquitecto, diseñador industrial y artista nacido en San Salvador (El Salvador) en medio de una de las guerras civiles más violentas de la época de la Guerra Fría. Su familia se trasladó a Miami (Florida) en pleno apogeo de la guerra civil, donde Samaan se encontró rodeado de compañeros expatriados de Cuba, Nicaragua y Rusia. Su vida profesional lo llevó a trabajar en varias naciones latinoamericanas y en el polémico frente de batalla de los comunistas del siglo XX: la fábrica.

Efectivamente, la libertad permite al individuo seguir su felicidad e inventar y reinventarse según su elección. Los diversos caminos que un individuo autónomo puede elegir para sí mismo no están sujetos a los planes y diseños de una élite de planificación central. A.E. Samaan se encontró inventando y reinventándose a sí mismo como consecuencia de las pruebas y tribulaciones que inevitablemente trae la vida. Algunos de los proyectos resultantes han tenido hasta ahora más éxito que otros, pero todos son igualmente apreciados:

- **EugenicsAnthology.com** – Investigación original de archivo sobre eugenesia, racismo científico y el Holocausto, con colaboradores estadounidenses y británicos hasta ahora olvidados y a los que no se ha permitido rendir cuentas.
- **BerlezBass.com** – Diseño y construcción de bajos eléctricos, cuya meta es dar vida a visiones musicales únicas.
- **UnyieldingVastness.com** – Fotografía infrarroja en blanco y negro de paisajes y naturaleza del suroeste americano.
- **ShadesOfVanity.com** – Fotografía erótica de desnudos en blanco y negro con infrarrojos y serie de libros.
- **SamaanCoachworks.com** – Diseño industrial y arquitectónico aplicado a la remodelación de BMW clásicos.

Hay otros proyectos artísticos y fotográficos en curso. Este libro es una retrospectiva y un reflejo de las fuerzas que originaron el amor de A.E. Samaan por la libertad individual. *ThoughtsInEther.com* pretende convertirse en una serie de libros.